이 비밀이 크도다

이 비밀이 크도다

- **초판 1쇄 발행** 1992년 4월 20일
- **초판 8쇄 발행** 2000년 5월 25일
- **개정증보판** 2017년 11월 15일

- **지은이** 황영철
- **펴낸이** 민상기 · **편집장** 이숙희 · **펴낸곳** 도서출판 드림북
- **인쇄** 넥스트프린팅 · **제본** 영광문화사

- **등록번호** 제 65 호 · **등록일자** 2002. 11. 25.
- 경기도 의정부시 가능1동 639-2(1층)
- Tel (031)829-7722, Fax(031)829-7723

- 잘못된 책은 교환해 드립니다.
- 이 출판물은 저작권법에 의해 보호를 받는 저작물이므로 무단 복제할 수 없습니다.
- 독자의 의견을 기다립니다.

가정 가운데 담긴 하나님의 놀라운 사랑

이 비밀이 크도다

황영철 지음

드림북

초판 서문

　결혼, 부부, 자녀 교육 같은 주제들은 모든 시대, 모든 사람들의 관심사이지만 결코 진부해질 수 없는 주제로 보인다. 이것은 마치 출생, 성장, 사랑, 죽음 같은 문제들이 가장 흔한 일이지만 결코 진부한 주제가 아닌 것과 마찬가지이다. 그럴 수 밖에 없는 것이, 그런 일들은 모든 사람이 경험한다는 면에서는 진부하지만, 각 개인에게는 그런 일들이 언제나 새로운 일이기 때문이다. 유행가에 사랑과 이별이라는 주제가 그렇게도 끊임없이 반복해서 등장할 수 있는 것은, 그것을 자기 생애 최초의 사건으로 경험하는 새로운 세대가 언제나 등장하기 때문일 것이다. 이런 의미에서 가정에 대한 새로운 책이 한 권쯤 더 있어도 될 이유는 성립되는 것 같다.

　원래 이 책의 최초의 착상은 프뉴마티코스라는 무크지에 실으려고 썼던 가정에 대한 단상이었다. 그 때 몇 가지 신선한 생각이 떠올랐고 그것을 개략적으로 기록해 두었다. 뒤에 그 주제로 몇 번 강의를 하였는데 비교적 호응이 좋아서 여러 사람과 함께 그 생각을 나누는 것도 좋겠다는 생각에서 이 책자를 생각하게 되었다.

　그리스도인의 가정에 대한 기존의 책들이 많이 있고 여러 가지 접근 방법이 있으나, 대부분의 책들이 주로 가정사의 세세한 부분을 다루고 즉흥적인 해결책을 제시하는 느낌이 있다. 그러나 저자의 경험으로는 가정의 문제란 지름길도 없고 묘안도 없는 것 같다. 가정의 문제는 좀더 근본적인 문제가 해결되어야만 해결되는 것이다. 그래서 이 책에서는 현실의 세세한 문제에 대한 해답을 모색하기보다는 가정의 근본적인 구조와 성격에 대한 성경적 이해를 추구함으로써 가정 문제에 접근할 때 필요한 생각의 자료를 제공하고자 한다.

신앙의 다른 문제도 마찬가지겠지만, 그리스도인이 어떤 가정을 세우느냐 하는 것도 한 그리스도인이 홀로 해결할 수 있는 문제가 아니다. 거기에는 더불어 그리스도를 믿고 순종하는 다른 가정들과의 교제를 통한 자극과 격려가 절실하게 필요하다. 세속적인 가정관이 사회를 지배하고 있을 때, 거기에 대항하여 하나님의 뜻에 맞는 가정을 세운다는 것은 생각처럼 쉬운 일이 아니다. 바라기는 이 책이 교회와 가정의 문제에 대한 토론의 자료를 제공하여, 이 주제가 좀더 많은 그리스도인들에게 좀더 심각하게 다루어지는 계기가 되기를 바란다.

이 책에서 특별히 관심을 기울인 몇 가지 문제를 개략하면 다음과 같다.

첫째로, 에베소서 5:22-33에서 사도 바울이 남편과 아내의 관계의 모델을 그리스도와 교회의 관계에서 찾았다는 점이다. 우리가 아는 바대로 사도 바울은 치밀한 논리의 소유자로서 글을 아무렇게나 쓰는 인물이 아니다. 그런 사도가 남편과 아내의 관계를 그리스도와 교회의 관계에 연결시킬 때 그저 생각나는 대로 그렇게 했으리라고는 생각하기 힘들다. 그렇다면 사도는 어떤 근거에서 그렇게 했을까?

둘째로, 에베소서 5:30-32의 논리의 전개에서 비상한 점은 창세기 2:24을 인용해 놓고서 그것을 그리스도와 교회에 대한 이야기라고 밝힌다는 점이다. 여기서 "이러므로 남자가 부모를 떠나 그의 아내와 합하여 둘이 한 몸을 이룰지로다" 라는 말이 어떻게 큰 비밀이 되며, 또한 그것에 대하여 어떻게 사도는 "나는 그리스도와 교회에 대하여 말하노라"고 말할 수 있었을까?

셋째로, 5:32의 "이 비밀이 크도다"라는 탄성을 발하면서 사도는 마음속으로 어떤 비밀을 생각하였을까?

넷째로, 이런 연구는 다시 창세기 2장의 인간 창조 기사로 연결되어서, 하나님께서 여자를 남자의 몸의 일부를 가지고 지으신 사실이 사도에게 어떤 의미를 주었을까?

다섯째로, 자녀 교육과 관련하여, "자녀를 노엽게 하지 말라"는 사도의 권면에서 우리가 배울 수 있는 현실적인 교훈은 무엇인가?

마지막으로 밝혀 둘 것은, 이 책에서는 성삼위 하나님의 제3위 하나님의 성호를 '성신'으로 부른 것이다. 이것은 물론 번역 상의 문제이지만, 구약 성경에서는 아직까지 이 호칭이 사용되고 있으며, 실제로 하나님의 신성을 표현함에 있어서 '성령' 보다는 '성신'이 더 바람직하다고 판단되어 그렇게 부른 것이다.

1992년 10월 황영철

재판 서문

이 책의 초판이 나온 지 사반세기가 지났다. 초판이 나온 후 절판할 때까지 8년간 8쇄를 찍었으니 8년간 평균 1년에 1쇄를 찍은 셈이다. 이제는 혼인을 하여 자녀를 둔 그리스도인들이 그 책에 대해 이야기하는 것을 듣는 것은 책을 쓴 사람으로서는 말할 수 없는 기쁨이다.

초판을 낸 몇 년 후에 필자는 영국으로 유학을 가서 초판에 현학적인 옷을 입혀서 학위 논문을 썼고 그것으로 박사 학위를 받았다. 그런 점에서 초판은 개인적으로도 의미가 깊은 책이었다. 초판이 필자의 학위 논문의 뼈대였던 셈이다. 물론 초판을 쓸 때에는 일이 그렇게 발전하리라고는 상상도 못했다.

초판을 낸 후에 늘 느끼는 아쉬움은 그 책에서 다룬 이상적인 혼인과 현실의 혼인 사이에 존재하는 괴리였다. 오늘날 많은 부부의 현실은 거기서 멀다. 그런데 이것은 오늘날만 그런 것이 아니라 고대에도 그러했다. 그런 현실에 대해서 하나님께서는 어떤 처방을 내리셨는지를 이 책의 2부에서 다뤘다.

1부는 초판에서 연구 방법론을 논한 1장을 빼고, 한글개역 성경 본문을 개역개정 성경 본문으로 바꾸고 어색한 표현을 고치는 정도의 수정을 가했다. 2부에서는 출애굽기와 신명기에서, 타락한 현실의 실제적인 혼인에 대해 하나님께서 어떤 처방을 내리셨는지를 살핌으로 우리의 현실에 대한 빛을 구하려 했다. 하나님의 말씀은 어떤 상황에서든 언제나 인간의 최고의 지혜를 훨씬 뛰어넘는다는 것이 선명하게 드러난다. 사람은 이렇게 했으면 좋겠다 싶은 순간에 하나님께서는 전혀 다르게 행하신다. 그런 사례에서 신성한 지혜를 배우는 것은 여간한 즐거움이 아니다. 이 책이 그런 즐거움의 기회가 되기 바란다.

2017년 11월 황영철

| 차 례 |

초판 서문 / 05
재판 서문 / 08

1부 혼인의 참된 모습

1. 신비한 연합 I / 13
2. 신비한 연합 II / 27
3. 혼인의 신비함 / 40
4. 사랑과 복종의 실상 / 51
5. 한 몸의 교회적 의미 / 70
6. 자녀와의 관계 / 77

2부 타락한 사회에서의 혼인

7. 종의 혼인의 경우 / 97
8. 여인에 대한 존중 / 122
9. 성적 순결의 중요성 / 135
10. 이혼 증서의 문제 / 151
11. 죽은 형의 후사를 이어주는 의무 / 169

1부

혼인의 참된 모습

  아담과 하와, 남편과 아내, 그리스도와 교회의 삼중 관계에 관한 사도의 생각은 그리스도인들에게 잘 알려진 에베소서 5장의 남편과 아내에 대한 권면 속에 표현되어 있다. 이 구절은 대개 남편과 아내에 대한 실천적인 권면으로 해석되고 있다. 즉 이 구절에서 사도는 남편들은 아내를 사랑하고 아내는 남편에게 복종하여야 할 것을 가르치고 있으며, 그것을 더 잘 가르치기 위하여 교회와 그리스도의 관계가 거론된 것으로 이해되고 있다. 물론 이런 이해는 그 자체로 잘못된 것이 아니다. 실제로 에베소서 5:22-33의 병행구라고 할 수 있는 골로새서 3:18-19절은 에베소서에서 12절에 걸쳐서 말한 권면을 단 두 절로 줄여서 기록하고 있다. 그러나 에베소서의 이 구절에 관한 연구를 통하여, 그런 사도의 교훈의 배후에 숨겨진 보다 포괄적인 사도의 생각의 한 면을 살펴 보고, 거기서 다시 이 구절의 교훈을 배우는 것이 1부의 목적이다.

1
신비한 연합 I

22 아내들이여 자기 남편에게 복종하기를 주께 하듯하라 23 이는 남편이 아내의 머리 됨이 그리스도께서 교회의 머리 됨과 같음이니 그가 바로 몸의 구주시니라 24 그러므로 교회가 그리스도에게 하듯 아내들도 범사에 자기 남편에게 복종할지니라 25 남편들아 아내 사랑하기를 그리스도께서 교회를 사랑하시고 그 교회를 위하여 자신을 주심 같이 하라 26 이는 곧 물로 씻어 말씀으로 깨끗하게 하사 거룩하게 하시고 27 자기 앞에 영광스러운 교회로 세우사 티나 주름 잡힌 것이나 이런 것들이 없이 거룩하고 흠이 없게 하려 하심이니라 28 이와 같이 남편들도 자기 아내 사랑하기를 자기 자신과 같이 할지니 자기 아내를 사랑하는 자는 자기를 사랑하는 것이라 29 누구든지 언제나 자기 육체를 미워하지 않고 오직 양육하여 보호하기를 그리스도께서 교회에게 함과 같이 하나니 30 우리는 그 몸의 지체임이니라 31 그러므로 사람이 부모를 떠나 그의 아내와 합하여 그 둘이 한 육체가 될지니 32 이 비밀이 크도다 나는 그리스도와 교회에 대하여 말하노라 33 그러나 너희도 각각 자기의 아내 사랑하기를 자신 같이 하고 아내도 자기 남편을 존경하라(엡 5:22-33)

이 장에서는 본문에 대한 분석과 거기에 나타난 사도의 생각의 흐름에 초점을 맞추기로 한다. 본문은 다음과 같이 네 부분으로 나누어진다.

1. 아내에 대한 권면(22-24절)
2. 남편에 대한 권면(25-30절)
3. 큰 비밀(31-32절)
4. 결론적 권면(33절)

아내와 남편을 향하여 사도가 권면을 하는 방식은, 생활의 세세한 부분의 문제를 들어서 꼬치꼬치 캐는 방식이 아니라, 남편에 대한 아내의 자세 혹은 태도, 그리고 아내에 대한 남편의 자세 혹은 태도의 근본적이고 핵심적인 부분에 대한 권면이다. 그러므로 이 구절은 남편과 아내의 상호 관계에서 본질적인 측면에 초점을 집중시켜서 논하고 있다. 그런데 이 관계는 보다 높은 다른 어떤 관계를 모방하는 것이어야 한다. 즉 남편과 아내의 관계는 그리스도와 교회의 관계를 모방하는 것이어야 한다.

남편에 대한 아내의 태도는 그리스도에 대한 교회의 관계를 모방하는 것이어야 한다. 남편에 대한 아내의 태도는 그리스도에 대하여 아내가 취하는 태도와 관련된다. 아내에 대한 권면에서 사도의 논점은 이러하다. '아내들이여 그대가 남편을 향하여 취하여야 하는 태도는 복종이다. 그런데 이 복종은 그대가 그리스도에게 대하여 취하는 복종에서 추론된다. 교회는 그리스도에게 복종하며 그대는 교회의 지체로서 교회와 함께 머리 되신 그리스도에게 복종한다. 그럴 때에 그대가 그리스도에게 복종하는 그

복종의 태도는 그대가 남편을 향하여 취해야 할 복종의 전형이 된다.'

여기서 사도가 '복종'이라는 말을 사용하면서 마음속으로 어떤 모습을 그렸느냐에 대하여 많은 논란이 있으며, 그 논란의 해결을 위하여 원어를 분석하며 문화인류학적인 접근을 하고자 하는 시도가 있음을 안다. 이런 언어의 의미상의 논란은 남편이 아내의 머리가 된다는 표현에서 '머리'라는 말에 대하여서도 동일하게 일고 있으며, 그 해결을 위해서도 역시 언어학적인 분석이 시도되고 있다.

그런 언어학적인 노력들은 문제의 해결에 어느 정도 빛을 비추어 주는 것은 사실이지만 그것만으로는 부족함을 느끼게 한다. 도리어 이 구절 전체에 흐르는 사도의 생각에서 그 언어의 함의를 밝혀야 할 것이다. 이 문제는 이 구절에 대한 사도의 생각의 흐름을 추적해 가는 가운데에서 자연히 밝혀질 것이다.

다음으로 아내에 대한 남편의 태도는 교회에 대한 그리스도의 태도에서 추론된다. 그것은 교회를 향한 그리스도의 사랑이다. 여기서도 마찬가지로 사도의 논점은 다음과 같다. '남편들이여 그대가 아내를 향하여 취하여야 할 태도의 핵심은 사랑이다. 그런데 이 사랑은 그대가 교회의 한 지체로서 그리스도로부터 받는 사랑에서 추론된다. 그리스도는 교회를 사랑하시며, 그 때에 그대는 교회의 한 지체로서 더불어 그리스도의 사랑을 받는다. 이 때에 그대가 받는 사랑은 그대가 아내를 향하여 가져야 하는 사랑의 전형이 된다.'

신약 성경은 그리스도와 교회의 관계를 표현하기 위하여 여러 가지 표상을 사용하지만, 여기서 사도가 특별히 사용하는 표상은 한 몸으로서의 그리스도와 교회의 표상이다. 남편에 대한 아내의 태도를 보여주기 위하여 사도가 사용한 표상은 머리이신 그리스도와 몸인 교회의 표상인데, 여기 아내에 대한 남편의 태도를 논하는 부분에서 사도가 취한 표상은 몸인 그리스도와 그 지체인 교회이다. 참으로 창조적인 사고의 전환이다.

그러나 이것은 자신의 생각을 정당화하기 위하여 근거 없이 무원칙하게 표상을 사용한 것이 아니다. 사도는 그리스도와 교회가 맺는 관계의 이 두 가지 측면이 아내와 남편과 관련하여 특별한 의미를 가진다고 생각한 것이다. 여기서 강조되는 사랑의 성격은 자신의 몸에 대한 사랑이다. 그리고 이것은 곧 자신에 대한 사랑이다. 아내에 대한 남편의 사랑은 바로 사람이 자기 자신을 사랑하는 사랑에 비교되는 사랑이다. 그리고 이 사랑의 참된 원형은 교회에 대한 그리스도의 사랑이다.

다음으로 31, 32절은 남편과 아내의 관계에 대한 전체 논의가 구원 역사에 대한 사도의 연구와 해석의 결과임을 보여 준다. 이 구절을 해석하기 전에 먼저 한 가지 문제를 주목할 필요가 있다.

본문에서 사도가 남편과 아내의 관계를 설명하기 위하여 그리스도와 교회를 거론하였다는 사실은 우리를 깜짝 놀라게 한다. 우리는 이 서신에서 사도가 교회를 얼마나 높이 평가했는지를 읽을 수 있다. 사도는 교회를 귀하고 높게 말하기 위하여 필요한 언어의 부족을 느꼈으리라는 생각을 가지게 할 만큼 교회에 대한 묘사에서 영광스럽고 찬란한 표현들을 사용한다.

교회는 사도의 생각 속에서 그렇게도 고귀하고 높은 위치를 차지하였다. 하물며 그리스도에 대해서는 말할 것도 없다. 그리고 교회에 대한 그리스도의 사랑과 그리스도에 대한 교회의 복종은 또 얼마나 높고 영광스러운 지평에서 이루어지는 일들인가! 그런데 사도는 그런 영광스럽고 고귀한 사실들을 서슴없이 남편과 아내의 관계에 적용시키고 있는 것이다.

오늘날 많은 사람들이 매일같이 혼인을 하며, 이혼하는 일도 비일비재하므로 사람들은 어느덧 남편과 아내의 관계란 어느 시대 어디에나 있는 아주 흔하디 흔한 일로 여기게 되었다. 사도가 이 글을 쓰던 당시는 오늘날과는 다른 방식으로 남편과 아내의 관계가 무시되던 시대였다.

그 시대는 여성에 대한 남성의 무시로 인하여 남편과 아내의 관계가 또한 무시되었다. 예를 들면, 유대인들의 아침 감사 기도에는 다음과 같은 내용이 포함되었다. '나를 이방인으로 만들지 않으시고, 나를 무식쟁이로 만들지 않으시고, 나를 여자로 만들지 않으신 하나님은 복되시도다.' 그러므로 사도의 권면은 오늘날 우리들에게 뿐만 아니라 당시의 사람들에게도 참으로 의표(意表)를 찌르는 예상 밖의 말이 아닐 수 없다.

우리를 어리둥절하게 만드는 또 다른 요소는 이 구절을 언뜻 읽었을 때 어디부터 어디까지가 그리스도와 교회에 대한 이야기이고 어디부터 어디까지가 남편과 아내에 대한 이야기인지를 분간하기가 어렵다는 것이다. 처음에 느끼는 감정은, '자세한 내막은 잘 모르지만 어쨌든 이 두 관계는 아주 밀접한 어떤 것이로구나'하는 것이다. 남편과 아내에 대하여 말하는가 하면 어느덧 이야기는 그리스도와 교회에 대한 것으로 넘어가 있고, 그리스도와 교회에 대하여 말하는가 하면 어느덧 이야기는 남편과 아내에 대한 내용으로 넘어가 있다. 그러므로 남편과 아내의 관계를 그리스도와 교회의 관계에 연결시켰다는 점도 놀라운 것이지만, 그것을 논의해 나가는 방식도 역시 놀라운 것이다.

우리가 아는 바대로, 사도 바울은 그저 우연히 붓 가는 대로 글을 쓰는 사람이 아니다. 그러므로 사도가 이런 예상외의 방식의 말을 한 것은 거기에 그만한 근거가 있음이 분명하다. 그 근거가 무엇일까? 어쩌면 사도는 5:21까지를 기록하고 에베소서의 이 부분을 쓰기 위하여 상당한 시간에 걸쳐서 생각을 정리했는지도 모르겠다. 만약 사도가 그렇게 생각을 장시간 정리하지 않고 일필휘지(一筆揮之)로 이 부분을 써내려 갔다면, 그것은 사도의 마음 속에서 이 모든 내용들이 이미 상당한 명상을 통하여 잘 정리되어 있었기 때문이었을 것이다.

사도는 이러한 자신의 연구와 명상을 여기서 길게 논하는 것이 아니라 단 몇 절로 그것을 압축해 놓았다. 그것이 31절과 32절이다. 31절로 연결되는 생각의 흐름의 핵심은 한 몸이라는 개념이다. 아내에 대한 남편의 사랑을 논하면서 사도는 계속해서 남편과 아내가 한 몸이라는 것을 그 근거로 내세운다.

"남편들도 자기 아내 사랑하기를 자기 자신과 같이 할지니 자기 아내를 사랑하는 자는 자기를 사랑하는 것이라 … 자기 육체를 미워하지 않고 … 우리는 그 몸의 지체임이라"(엡 5:28-30)

즉 남편이 자기 아내를 사랑한다는 것은 아주 독특한 행위로, 그것은 바로 자기 몸을 사랑하는 것이라고 사도는 말한다. 남편에게 아내는 다른 인격이면서 동시에 그의 몸인 것이다. 이것이 사도의 논지이다. 이것은 마치 신자 각자는 그리스도가 아니면서 동시에 그리스도의 몸의 지체인 것과 같은 이치라고 사도는 생각한다. 그런데 사도의 이 표현은 단지 아내를 지극히 사랑하라는 요지의 말을 좀 수사적으로 표현한 것이 아님을 계속되는 사도의 설명 속에서 발견한다.

이렇게 아내에 대한 남편의 사랑과 교회에 대한 그리스도의 사랑을 한 몸이라는 개념을 사용하여 논한 후에, 사도는 마침내 자신의 그런 모든 생각의 근거를 밝힌다. 그것이 31절과 32절이다. 선행절과 이 부분을 연결하는 고리는 '한 몸'이다. 왜냐하면 사도가 인용한 창세기의 구절은 남편과 아내가 '한 몸'을 이룬다는 가르침인 까닭이다. 여기서 남편과 아내의 관계, 그리스도와 교회의 관계에서 사도의 생각이 축으로 삼고 있는 개념이 한 몸이라는 독특한 개념임을 추측할 수 있다.

그러나 과연 그러한가? 사도가 창세기를 인용했을 때, 그의 논점의 무게 중심이 '한 몸'에 있는 것인가? 혹시 '사람이 부모를 떠난다'는 데에 있는 것은 아닌가? 이런 질문은 자연스러운 것이다. 더욱이 사도가 창세기의 이 구절을 인용해 놓고 나서 거기서 '한 몸'이라는 개념을 들어서 논의를 더 발전시켰다면 과연 사도의 생각의 무게 중심이 '한 몸' 개념에 있다고 하겠지만, 사도는 더욱 알쏭달쏭한 말을 한 마디 남겨 두고 바로 최후의 결론을 내려버리는 것이다.

그러나 현재까지의 논의를 놓고 보더라도 우리는 '한 몸' 개념이 사도의 생각의 무게 중심이라고 밖에는 생각할 수 없다. 우선 사도는 한 몸과 관련된 사랑을 논하다가 부부가 한 육체를 이룬다는 구절을 인용하였으므로, 한 몸으로 그 두 부분을 연결시키는 것이 가장 자연스러운 논리의 흐름이다. 여기서 불쑥 '부모를 떠나라'는 내용을 강조할 이유가 없다. 만약 사도가 이 구절을 인용해 놓고 나서 '부모를 떠나라'는 내용을 받아서 새로운 방향으로 논의를 진행시켰다면 또 문제가 다르겠지만, 전혀 그런 흔적이 없는 점으로 미루어 볼 때 사도의 생각이 한 몸에 집중되어 있다는 것은 반론의 여지가 없는 결론인 것 같다. 그러나 우리의 논지가 올바르다는 사실은 사도가 이 구절을 인용하면서 마음속으로 품었던 생각에 의하여 더욱 분명히 확증될 수 있다.

그런데 그 다음 32절의 말은 사도의 생각의 새로운 지평을 더듬어 나아갈 수 있는 결정적인 단서를 제공한다. "이 비밀이 크도다 나는 그리스도와 교회에 대하여 말하노라'. 이 구절에서 문제가 되는 것은 이 구절이 바로 앞의 창세기 구절을 받아서 말한 것인가, 아니면 29,30절을 받아서 말한 것인가 아니면 지금까지 말한 내용 전체를 받아서 말한 것인가 하는 것과 사도가 말하는 큰 비밀이 무엇인가 하는 것이다.

먼저 32절이 어느 부분과 연결되는지를 생각해 보자. 지금 사도는 아내에 대한 남편의 사랑이 '한 몸'과 관련된 사랑임을 논하여 왔고, 그것은 다시 그리스도께서 자신의 지체인 교회를 사랑하시는 사랑이 그 원형임을 논하여 왔다. 즉 남편과 아내의 '한 몸' 관계는 그리스도와 그의 백성 사이의, 몸과 지체의 한 몸을 원형으로 한다. 그런데 지금까지 그 근거를 밝히지 않던 사도가, 이런 연결의 근거로 제시한 것이 창세기 2:24이고 그 다음에 사도는 그 비밀이 크다고 하였으며, 자기가 그리스도와 교회에 대하여 말한다고 설명 혹은 강조한다.

이 문장 전체의 흐름으로 볼 때 이 부분은 그 생각의 호흡이 절정에 도달한 사실을 충분히 간취(看取)할 수 있게 한다. 여기서 사도는 마침내 가슴 속에 고여 있던 말을 탄성과 함께 발하고, 그것을 설명한 연후에 결론을 맺는 것이다. 사도가 굳이 자기의 말이 그리스도와 교회에 대한 것임을 밝힌 것은 거기에 어떤 새로운 개념이 도입되었고, 그것에 대하여 혹시 사람들이 자신의 의도와는 다른 해석을 하는 일이 없도록 하기 위함인 것이 분명하다.

사도가 지금까지 말해 온 것은 분명히 남편과 아내의 관계이다. 사도는 지금 남편과 아내에 대하여 말하기 위하여 그리스도와 교회를 거론한 것이지, 그리스도와 교회에 대하여 말하려다가 남편과 아내의 관계를 거론한 것이 아니다. 그러므로 "나는 그리스도와 교회에 대하여 말하노라"는 사도의 말은 분명히 그 앞 부분 전체를 두고 하는 말이 아니다.

그렇다면 사도는 29절과 30절을 받아서 "나는 그리스도와 교회에 대하여 말하노라"고 한 것인가? 만약 그렇게 했다면 이것은 매우 어색한 일이다. 왜냐하면 29절과 30절은 누가 보아도 그리스도와 교회에 대한 이야기이지 그것을 다른 것에 대한 이야기로 오해할 사람은 아무도 없을 것이기 때문이다. 물론 그것이 일반적으로 사람들이 자기 몸에 대하여 취하는 태도를 거론한 것이지만, 그것은 또한 교회에 대한 그리스도의 사랑을 예증한 것이지 그것이 주된 흐름은 아니다. 그러므로 사도는 이 부분과 관련하여 "나는 그리스도와 교회에 대하여 말하노라"고 말하지 않았음이 분명하다.

그렇다면, 사도의 그 말이 31절을 두고 하는 말인가? 현재까지의 논의에 비추어 볼 때 이것 이외에는 달리 해석할 길이 없다. 첫째, 사도는 여기서 최초의 혼인에 대한 창세기의 구절을 인용해 놓았다. 그러므로 이 구절을 그리스도와 교회에 대한 이야기로 생각할 사람은 없을 것이다. 바로 그런 이유로 사도는 굳이 "나는 그리스도와 교회에 대하여 말하노라"고 밝힌 것이다. 여기서 혹자는 혼인 제도에 관한 하나님의 일반적인 선언인 그 구절이 그리스도와 교회에 대한 말이 될 수 없다는 것을 근거로 이 주장에 대하여 반박하고 싶을 것이다. 그러나 그런 반박은 창세기 2:24이 사도의 생각 속에서 교회와 연결되지 않았음을 입증하여야 성립되는데, 성경적 증거는 도리어 그 반대의 경우를 지지한다. 즉 사도는 창세기 그 구절을 바로 그리스도와 교회에 관계시키는 것이다. 그 사실을 앞으로 밝혀 갈 것이다.

우리가 문제 삼고 있는 그 구절이 창세기 인용을 두고 하는 말이라는 또 다른 강력한 증거는 그것이 문장의 구조상 가장 자연스럽다는 것이다. 즉 이 문장에서 추론할 수 있는 바 자연스럽게 흘러가는 사도의 생각은 이렇다. "그러므로 사람이 부모를 떠나 그의 아내와 합하여 그 둘이 한 육체가 될지니"라는 구절은 참으로 큰 비밀을 포함하고 있다. 그리고 그 구절이 포함한 이 비밀은, 혹은 그 전체 구절은 그리스도와 교회에 관한 것이다.

우리가 이런 연결을 쉽게 생각하지 못하는 것은 한 육체가 되는 것과 큰 비밀과 그리스도와 교회의 내적인 연결을 생각하지 못하기 때문이다. 사도의 마음속에서 이 세 가지 개념이 어떤 논리에 의하여 내적으로 연결되었는가 하는 것이 계속되는 논의의 주제이다. 그러나 그 이전에 사도가 말하는 큰 비밀이 무엇인지를 살펴볼 필요가 있다.

여기서 사도가 말하는 '큰 비밀'의 내용이 무엇인가? 많은 경우에 이 비밀은 부부만이 서로 나눌 수 있는 사랑의 내밀(內密)함을 표시하는 말로 이해되고 있는 것 같다. 그러나 사도가 여기서 "이 비밀이 크도다"라고 말할 때에 과연 그런 의미로만 이야기했는지에 대해서는 의문의 여지가 있다. 이것은 우선 사도의 서신에 나타난 바 '비밀'이라는 단어의 용례에도 어긋나는 것이다. '비밀'이라는 말의 사도적 용례에 대하여서 리차드 개핀은 PERSPECTIVES ON PENTECOST의 61쪽에서 다음과 같이 말하고 있다.

사도의 글의 다른 부분에서 '비밀'이라는 말은 계시의 중심적 카테고리들 중의 하나로, 이 말은 특별히 계시된 것이 하나님의 주권적이고 일방적인 드러내 보여주심이 없이는 사람들에게 감추어진다는 점을 강조한다. 그 비밀의 내용은 신비한 진리의 비의적 체계(esoteric body of crytic truths)가 아니라(이것은 당시 희랍에서 유행하던 신비 종교를 지칭한다-필자 주) 그리스도 안에 계시된 종말적 구원이다. 이 용어는 포괄적으로 종말적 구원을 가리키든지(롬 16:25; 엡 1:9; 3:3이하; 6:19; 골 1:26-27; 2:2; 4:3), 혹은 그 구원과 관련된 어떤 특정한 측면을 가리킨다(특별히 로마서 11:25이하; 고전 15:51 이하의 예언을 보라).

사도 바울이 이 단어를 사용한 경우들을 열거하면 다음과 같다.

> 25 나의 복음과 예수 그리스도를 전파함은 영세 전부터 감추어졌다가 26 이제는 나타내신 바 되었으며 영원하신 하나님의 명을 따라 선지자들의 글로 말미암아 모든 민족이 믿어 순종하게 하시려고 알게 하신 바 그 신비의 계시를 따라 된 것이니(롬 16:25,26)
> 26 이 비밀은 만세와 만대로부터 감추어졌던 것인데 이제는 그의 성도들에게 나타났고(골 1:26)
> 2 이는 그들로 마음에 위안을 받고 사랑 안에서 연합하여 확실한 이해의 모든 풍성함과 하나님의 비밀인 그리스도를 깨닫게 하려 함이니(골 2:2)
> 9 그 뜻의 비밀을 우리에게 알리신 것이요 그의 기뻐하심을 따라 그리스도 안에서 때가 찬 경륜을 위하여 예정하신 것이니

10 하늘에 있는 것이나 땅에 있는 것이 다 그리스도 안에서 통일되게 하려 하심이라(엡 1:9,10)

4 그것을 읽으면 내가 그리스도의 비밀을 깨달은 것을 너희가 알 수 있으리라(엡 3:4)

7 오직 은밀한 가운데 있는 하나님의 지혜를 말하는 것으로서 곧 감추어졌던 것인데 하나님이 우리의 영광을 위하여 만세 전에 미리 정하신 것이라(고전 2:7)

(이상의 구절은 헤르만 리델보스의 PAUL 46쪽에서 그가 소개한 구절들을 인용하여 열거한 것이다. 사도에게 있어서 '비밀'이라는 표현의 용례에 대하여 더 알고자 하는 사람은 그 책의 SECTION 7. THE FULLNESS OF THE TIME, THE REVELATION OF THE MYSTERY를 참고하기 바란다.)

비밀이라는 말에 대한 사도의 이런 용례로 미루어 볼 때, 여기서 사도가 말하는 비밀도 오랫동안 사람들에게 감추어졌다가 이제 사도의 선포를 통하여 비로소 드러난 하나님의 구원 경륜의 일부로 볼 수 있으며, 특히 사도가 그 말에다가 '크다'라는 수식의 말까지 덧붙인 것을 보면, 지금 사도가 말하는 그 내용에 아주 깊은 어떤 의미가 담겨 있음을 직감하게 하는 것이다. 그러므로 여기의 '비밀'이라는 말을 단지 부부 사이의 내밀한 관계만을 지칭하는 것으로 해석하는 것은 이 단어에 대한 사도의 용례에도 어긋날 뿐만 아니라, 큰 계시의 사실을 너무 축소 해석하는 잘못인 것 같다.

이상의 관찰에 비춰 볼 때, 사도가 여기서 말하는 바 "이 비밀이 크도다"라는 말과 "나는 그리스도와 교회에 대하여 말하노라"가 직접 연결되어 있다는 사실이 확증된다. 즉 사도는 지금 하나님께서 만세 전에 예비하신 구원의 크신 사실이 마침내 때가 되어서 그리스도 안에서 드러난 영광스러운 사실을 염두에 두고서 비밀을 말하고 있고, 다시 그 비밀의 내용을 설명이라도 하듯이 "나는 그리스도와 교회에 대하여 말하노라"고 덧붙인 것이다.

그러므로 창세기 2:24과 큰 비밀과 그리스도와 교회의 세 가지 관계 중에서 큰 비밀이 그리스도와 교회에 관계된다는 점은 밝혀졌다. 이제 남은 문제는 그것이 어떻게 창세기 2:24과 관련되는가 하는 것이다. 그 관계를 밝히려면 당연히 창세기 2:24이 창세기에서 어떤 내용을 품고 있는지를 조사하여야 하며, 다시 사도가 어떤 논리에 의하여 그것을 그리스도와 교회에 연결시켰는지를 밝혀야 한다. 이 연구는 우리를 창세기로 인도한다.

2
신비한 연합 II

이러므로 남자가 부모를 떠나 그의 아내와 합하여 둘이 한 몸을
이룰지로다(창 2:24)

사도가 에베소서에서 이 구절을 인용해 놓고서 "이 비밀이 크도다 나는 그리스도와 교회에 대하여 말하노라"(엡 5:32)고 선언할 때에, 이 구절이 창세기 2장 전체와 갖는 유기적인 관련을 염두에 두고 있었다는 데에는 재론의 여지가 없을 것이다. 이 구절을 인용해 놓고서 그것이 그리스도와 교회에 관한 것임을 굳이 천명한 사도의 말의 구조는, 그렇게 함으로써 자신의 생각을 오해 없이 전달하려는 의도가 엿보이는데, 이것은 그 연결이 쉽지 않음을 암시하는 것이며, 그 구절에 대한 사도의 독특한 해석이 배경에 있음을 암시한다.

즉 사도는 이 구절을 이미 어떤 방식으로 해석해서 결론을 내리고, 내린 결론에 의하여 이 구절을 그리스도와 교회에 대한 말로 밝힌 것이다. 그러므로 사도의 이 인용은 아담과 하와의 창조와

최초의 혼인에 대한 창세기의 기록이 어떻게 그리스도와 교회에 대한 가르침이 되느냐에 대한 사도의 해석 전체를 상징적으로 대표하는 것이다. 사도는 자신의 긴 해석을 이 구절의 인용으로 대체한 것이고, 우리는 이 인용문을 단서로 삼아서 사도의 그 해석을 추적해야 한다.

남녀의 창조에 관한 창세기 2장 기록의 논리 전개상 이 구절은 그 단락의 결미에 해당하는 부분이다. 2:18-25의 긴 이야기가 사람들에게 주는 교훈은 24절이다. 그런 의미에서 24절은 18절부터 시작하는 남녀의 창조 기록의 절정이며, 그것의 논리적 결론이다. 25절은 24절을 통과함으로써 가능한 구절이다. 25절에서 하와는 이제 '그의 아내'로 지칭되는 것이다. 벌거벗었으나 부끄러움을 느끼지 않은 사실에 대한 부언은 타락 이전의 심정의 순수함을 상징한다. 따라서 3:10에 기록된 바 타락 이후에 새롭게 생긴 수치의 감정은 시원적(始原的)인 순수함의 상실에 대한 상징이다. 어쨌든 사도는 24절을 인용함으로써 이 부분 전체에 대한 자신의 해석을 대표하였는데, 이것은 24절이 이 부분에서 차지하는 위치로 볼 때 자연스러운 일이다. 이제 본문을 인용하고 이야기를 전개하기로 한다.

> 18 여호와 하나님이 이르시되 사람이 혼자 사는 것이 좋지 아니하니 내가 그를 위하여 돕는 배필을 지으리라 하시니라 19 여호와 하나님이 흙으로 각종 들짐승과 공중의 각종 새를 지으시고 아담이 무엇이라고 부르나 보시려고 그것들을 그에게로

이끌어 가시니 아담이 각 생물을 부르는 것이 곧 그 이름이 되었더라 20 아담이 모든 가축과 공중의 새와 들의 모든 짐승에게 이름을 주니라 아담이 돕는 배필이 없으므로 21 여호와 하나님이 아담을 깊이 잠들게 하시니 잠들매 그가 그 갈빗대 하나를 취하고 살로 대신 채우시고 22 여호와 하나님이 아담에게서 취하신 그 갈빗대로 여자를 만드시고 그를 아담에게로 이끌어 오시니 23 아담이 이르되 이는 내 뼈 중의 뼈요 살 중의 살이라 이것을 남자에게서 취하였은즉 여자라 부르리라 하니라 24 이러므로 남자가 부모를 떠나 그의 아내와 합하여 둘이 한 몸을 이룰지로다 25 아담과 그의 아내 두 사람이 벌거벗었으나 부끄러워하지 아니하니라(창 2:18-25)

이 구절을 읽을 때 독자의 마음을 참으로 놀라게 하며, 의표를 찌르는 요소는 하나님께서 여인을 존재케 하기 위하여 취하신 방식이다. 아담과 하와의 창조 기록은 이미 널리 알려져 있는 까닭에 사람들은 이 이야기를 익히 알고 있으며, 따라서 특별히 그것에 대하여 의문을 제기하지 않는다. 그러나 좀 더 객관적으로 이 구절을 살펴 보면, 여인의 창조 방식이 그렇게 의외이고 이상할 수가 없다.

성경의 이 사건을 전혀 모르는 어떤 사람에게 아담의 창조 이야기를 전해주고, 다음에 하나님께서 여인을 만드실 때에는 어떤 방법을 취했겠느냐고 묻는다면, 대다수가 아담과 같은 방식을 상상할 것이다. 혹시 다른 어떤 기발한 창조 방식을 생각해 내는 사람이 있을지는 모르겠지만 하나님께서 취하신 방식을 생각해 내는 사람은 아마 없을 것이다. 그만큼 하나님께서 취하신 방식은 희한한 것이다.

그런데 생각건대 사도의 그와 같은 해석의 단서가 된 바 그의 마음을 사로잡은 의문은 하나님께서 이런 희한한 방식을 사용하신 이유가 무엇이었느냐는 것이었다. 하나님은 필연적인 이유 없이 어떤 일을 하시는 분이 아니다. 하나님께서 어떤 일을 해놓으시고 '아차 이게 아닌데' 하며 후회를 하신다든지, 혹은 왜 그렇게 했는지를 설명할 수 없다든지 하는 일은 상상할 수 없다. 성경에서 마치 하나님께서 후회하시거나 슬퍼하시는 것처럼 기록한 것은 이른바 신인동형적 표현(神人同形的 表現: anthropomorphism), 혹은 신인동정적 표현(神人同情的 表現: anthropopathism)으로써 하나님의 모습이나 심정을 인간에 빗대어 표현하는 방식일 뿐이다.

하나님은 완전한 지혜와 능력을 가지고 모든 일을 일호의 차착(差錯)도 없이 수행해 나가시되, 그 모든 일들을 자신의 영광을 위하여 하시며, 또한 사람을 사랑하사 사람을 위하여 하신다. 그러므로 하나님께서 어떤 일을 하시면 거기에는 반드시 필연적인 이유가 있어서 그렇게 하신다고 생각할 수 밖에 없다.

물론 사람이 그 이유를 다 알 수 있다고 생각한다면 대단한 잘못이다. 그러나 하나님께서는 그 이유 중에서 사람의 유익을 위하여 필요한 것은 알려 주시는 것이고, 알려 주시는 것은 사람이 또한 근실히 연구하여 알아야 한다. 그런데 여기 하와를 그렇게도 기이한 방식으로 지으신 이유가 사도의 마음을 사로잡았던 것이다. 사도가 이 문제에 착념하였다고 생각할 수 있는 근거는 여인의 그와 같은 창조 방식을 해석한 사도의 추리에서 발견된다.

하나님께서는 흙을 빚어서 코에 생기를 불어넣어 아담을 만드신 다음에 여인을 만드는 일에 착수하신다. 여기서 하나님께서 취하신 방식은 남자의 몸의 일부로 여인을 만드시는 것이었다. 그렇게 기묘한 방식으로 여인을 만드시고 그를 아담에게 이끌어 왔을 때 아담은 "이는 내 뼈 중의 뼈요 살 중의 살이라"는 말로 그 여인을 향한 자신의 심정을 노래하였다.

창세기에 기록된 하와에 대한 아담의 이 사랑의 노래는 많은 경우에 상당히 낭만적인 색채가 가미되어서 인용되곤 한다. 하나님이 지으신 아름다운 동산에서 죄를 아직 알지도 못하고 죄를 지은 경험이나 기억도 가지지 않은 순결하고 깨끗한 최초의 남자가 벌거벗었으나 부끄러움도 모르는 상태에서 여인을 향하여 부르는 이 사랑의 노래, 그리고 그러한 낙원의 상태라는 것은 문학적인 상상력이 있는 많은 사람들의 마음을 설레게 했으며, 또한 서양 문학에 등장하는 바 '낙원에의 회귀'라는 염원의 출처가 되었다. 그리하여 많은 경우에 이 노래는 여인을 향한 남자의 지고의 사랑을 표현하는 구절로 잘 인용되기도 하고 그렇게 인식되기도 하였다. 그만큼 이 사랑의 노래에는 낭만적인 색채가 가미되어 온 것이 사실이다.

그러나 이 구절의 음조를 조금 가라앉혀서 안정된 마음으로 냉정하게 이 구절을 보면 아담이 하와를 향하여 단순한 서술문의 형태로 '당신은 내 뼈 중의 뼈요 내 살 중의 살이오' 라고 말하는 음성을 들을 수도 있다. 왜냐하면 아담이 하는 말은 단순히 하와에 대한 사랑의 표현만이 아니기 때문이다. 물론 그 말을 하면서 아담이 마음속으로 아무 감정도 없이 그저 퉁명스러운 심정을 가지지는 않았을 것이다. 거기에 지극한 사랑의 마음을 품고 그렇게 말을 했겠지만 그 말은 단순한 문학적인 표현만이 아니라 사실을 있는 그대로 서술한 것이기도 하다. 즉 하와는 실제로 아담의 뼈 중의 뼈였고, 살 중의 살이었다는 말이다. 이것을 다른 말로 표현하면 아담과 하와는 원래 '한 육체'라는 것이다.

이와 같은 사실을 배경에 놓고서 24절은 "이러므로 남자가 부모를 떠나 그의 아내와 합하여 둘이 한 몸을 이룰지로다" 라고 말한다. 이제 이 구절은 오고 오는 모든 부부를 향한 권면이다. 그러나 여기서 아담과 하와 이후의 모든 부부가 이루는 '한 몸'과 아담과 하와가 이루는 '한 몸'의 차이를 놓치지 말아야 한다. 아담과 하와의 '한 몸'은 문자적인 '한 몸'이다. 글자 그대로 하와는 아담의 육체의 일부였다는 사실이 아담과 하와의 '한 몸'을 그 이후의 모든 부부의 한 몸 관계로부터 구별한다.

아담과 하와 이후의 어떤 부부도, 아내가 남편의 갈비뼈로 지음 받은 경우는 없다. 그러므로 아담과 하와의 '한 몸'은 그 이후의 모든 부부가 원형으로 삼아야 할 '한 몸'이다. 24절 허두의 '이러므로'라는 말은, '아담과 하와가 그런 방식으로 피조되어서 세상에 등장하여 그런 관계를 맺었다는 사실로부터' 라고 풀어 쓸 수 있다. 즉 아담과 하와의 '한 몸'은 계시의 도구로 사용된 원형적 관계의 한 몸이다. 그러므로 모든 부부 관계는 그 계시의 관계를 닮아가야 한다. 그러므로 일차적으로 하나님께서 하와를 아담과 동일한 방법으로 만들지 않으시고, 아담의 육체의 일부를 가지고 만든 것은 혼인 관계의 본질이 어떠해야 함을 보여주기 위한 방편이었다고 말할 수 있다.

하나님께서는 사람의 혼인에 대하여 이렇게도 지극한 관심을 가지신다. 하나님께서 그렇게도 기묘한 지혜를 동원하여 여인을 그렇게 만드신 것은 인간이 혼인을 하여 어떤 관계를 이루어야 할지를 가르치기 위함이었음을 알 수 있다. 그러므로 아담과 하와의 최초의 혼인은 일차적으로 사람이 혼인을 하여 살 때에 그 관계가 어떠해야 함을 가르치기 위한 계시임이 분명하다. 거기에는 아주 중요한 교육적 기능이 있는 것이다. 이 교육적 기능을 주목하기 바란다.

그렇다면 이런 성경의 사상을 잘 알았을 것이 분명한 사도 바울(그가 성경에 전문가였다는 점에 대하여 이의를 제기할 사람은 없을 것이다)이 부부 관계를 논했다면 분명히 아담과 하와의 이 혼인 이야기를 거론하였으리라고 당연히 짐작하게 된다. 그런데 사도는 예상을 깨고 부부 관계를 그리스도와 교회의 관계를 거론하여 설명하는 것이다. 사도가 창세기 2:24을 인용하면서, 남편과 아내는 아담과 하와가 한 몸인 것처럼 한 몸을 이루어야 한다고 말했으리라고 예상하는데, 사도는 말하기를 남편과 아내는 그리스도와 교회가 한 몸인 것처럼 한 몸을 이루어야 한다고 말한다. 그러면서 사도가 창세기 2:24을 거론하지 않는 것은 아니다. 거론하기는 하는데, 그것을 거론해 가지고 남편과 아내에게 적용시키는 것이 아니라 도리어 그것이 그리스도와 교회에 대한 말이라고 주석을 달아주는 것이다.

이제 창세기 2:24을 그리스도와 교회에게 적용시키는 사도의 생각의 틀이 거의 드러난다. 그러나 그러기에 앞서서 사도의 전체적인 생각의 틀을 한번 정리하기로 하자.

지금까지의 연구에서 다음과 같은 사실을 발견한다.

첫째, 남편과 아내의 관계를 근본적이고 포괄적으로 표시하는 말은 '한 몸'이다. 이것은 최초의 부부인 아담과 하와와 그들의 관계를 통하여 확립된 혼인 제도 속에서 분명히 드러난다. 그리고 사도가 에베소서에서 남편과 아내의 관계를 논할 때 그의 생각의 축은 '한 몸'이다.

둘째, 남편과 아내가 이루는 한 몸은 아담과 하와가 이룬 문자적인 한 몸 관계에서 유도된다. 즉 여기서 원형은 아담과 하와의 한 몸이고, 부부의 혼인은 그것을 모사하는 한 몸이다. 그러므로 아담과 하와의 관계는 일반적으로 부부가 지향하고 나아가야 할 혼인의 원형이다.

셋째, 남편과 아내의 관계가 지향하고 나아가야 할 관계는 또한 그리스도와 교회의 관계이다. 그 중에서도 그리스도와 교회가 맺는 한 몸이라는 관계는 남편과 아내의 관계가 모사하여야 할 원형적 관계이다.

넷째, 이 모든 생각의 흐름에서 축은 '한 몸'이라는 개념이다. 여기서 우리는 세 가지 형태의 한 몸을 발견한다. 남편과 아내의 한 몸, 아담과 하와의 한 몸, 그리고 그리스도와 교회의 한 몸. 이 중에서 남편과 아내의 한 몸이 아담과 하와의 한 몸과 어떻게 관계되는지, 또한 그리스도와 교회의 한 몸과 어떻게 관계되는지는 드러났다. 그러나 아담과 하와의 한 몸이 그리스도와 교회의 한 몸과 어떻게 관계되는지는 아직 분명하지 않다. 하지만 지금까지의 연구를 통하여 볼 때 그 해답은 쉽게 얻어질 수 있다.

결론을 향하여 나아가는 가운데에서 한 가지 더 지적해 둘 것이 있다. 남편과 아내의 관계를 설명하기 위하여 사도가 사용한 유비(類比)는 그리스도와 교회의 유비이다. 여기서 사도가 그리스도와 교회를 유비로 사용하는 방식은 개념을 더 생생하게 만들거나 설명하기 위한 비유가 아니다. 즉 "혀는 곧 불이요"(약 3:6상) 혹은 "미련한 자의 입의 잠언은 술 취한 자가 손에 든 가시나무 같으니라"(잠 26:9)와 같은 부류의 비유가 아니다.

도리어 남편과 아내, 그리스도와 교회는 비유라는 관계로 서로 맺어지는 것이 아니라, 완전한 것과 부족한 것, 원형과 그것의 모사와 같은 관계이다. 여기서 사도가 남편과 아내의 관계를 그리스도와 교회의 관계에 연결시킨 것은 남편과 아내의 관계를 더 잘 이해시키기 위함이나, 남편과 아내의 관계를 더 생생하게 보여주기 위함이 아니라, 남편과 아내가 지향하고 나아가야 할 모범이요, 남편과 아내의 관계가 모사하여야 할 원형을 보여주기 위함이다.

그러므로 여기서 발견할 수 있는 사실은 이것이다. 남편과 아내의 관계에 대한 권면의 순서는 남편과 아내가 전면에 서고, 그리스도와 교회의 관계가 그것을 돕는다. 그러나 사도의 생각 속에서는 이 두 관계의 순서가 뒤집어져 있다. 즉 먼저 그리스도와 교회의 관계가 원형으로 있고 그것을 모사하는 것이 남편과 아내이다. 즉 천상적 실체인 그리스도와 교회의 관계를 원형으로 하는 지상적 관계가 남편과 아내인 것이다. 이런 사고 방식이 성경의 중요한 사상의 하나라는 점이 중요하게 인식되어야 한다.

이런 생각을 배경에 놓고 보면 에베소서 5:31-32에서 사도의 생각의 흐름이 분명해진다. 사도는 창세기 2:24을 인용함으로써 2:18-25의 단락 전체를 인용한 것과 동일한 효과를 노리고 있으며, 거기에 자신의 해석까지 덧붙여 놓은 것이다. 그리고 사도는 창세기의 이 단락은 그리스도와 교회에 관한 것이라고 설명한다. 다시 말하면, 창세기의 아담과 하와가 맺은 실질상 '한 육체'라는 독특한 관계는 그리스도와 교회에 관한 것이라는 말이다.

이 말을 하는 사도의 어투에서 일종의 가는 떨림을 감지할 수 있다. 사도는 창세기의 그 부분을 읽으면서 그것이 단순히 남편과 아내의 관계만을 가르치는 것이 아니라, 그 신비한 한 몸이라는 계시에는, 모세가 그 말을 기록하던 때로부터 천 수백 년의 세월이 흐른 후 오실 구원자 그리스도가 그 백성과 맺을 관계가 함의되어 있음을 깨달은 것이다. 이것이 사도가 말하는 "이 비밀이 크도다"의 뜻이다.

그렇다면 이제 아담과 하와가 맺은 '한 육체'의 독특한 관계가 무엇을 위한 것인지가 분명해진다. 일차적으로 그것은 남자와 여자라는 서로 다른 두 성(性)이 혼인이라는 관계 속으로 들어갈 때 그 관계의 본질이 무엇임을 가르치기 위함이다. 그러나 더욱 중요한 것은 그것이 보다 영원하고 완전한 관계를 지상적인 방식으로 표현해내기 위한 하나님의 계시의 수단이었다는 것이다.

여기서 하나님의 경륜의 순서와 그것이 지상에서 구현되는 순서가 서로 다름을 주목하게 된다. 즉 시간적으로 볼 때, 가장 먼저 드러난 것은 아담과 하와의 최초의 혼인 관계이고, 다음이 그것을 지향하고 나아가야 하는 남편과 아내의 관계이다. 그리고 마지막으로 때가 되매 그리스도와 교회의 관계가 충만한 계시로 드러난 것이다. 그러므로 우리에게 오는 계시의 순서는 아담과 하와, 남편과 아내, 그리고 그리스도와 교회이다.

그러나 그것의 원형과 모사의 관계에 있어서는 순서가 뒤집어진다. 하나님께서 가지신 경륜에서 원형은 그리스도와 교회이다. 그리고 그것을 지상적인 형태로 드러낸 최초의 관계는 아담과 하와의 관계이다. 그리고 다시 아담과 하와의 관계를 지향함으로써 그리스도와 교회의 관계를 모사하여야 하는 것이 남편과 아내의 관계이다. 그러므로 하나님의 경륜 속에서의 순서는 그리스도와 교회가 먼저이고, 다음이 아담과 하와이며, 그 다음이 남편과 아내인 셈이다.

이상이 에베소서 5:22-33의 단락에서 추론할 수 있는 사도의 사상의 흐름이다. 이것을 놓고 볼 때, 사도는 매우 조직적인 사상을 배경에 두고서 그의 서신을 기록하였다는 사실의 한 단면이 여기서 드러난다. 이것은 굳이 이 부분에만 적용되는 것이 아니라 사도의 모든 서신, 아니 성경 전체에 대하여 적용되는 것으로 보인다.

그러나 메시아와 그 백성의 관계를 남편과 아내의 관계로 표현하는 데 사도가 효시(嚆矢)인 것은 아니다. 이것은 이미 구약의 선지자들이 여호와와 그 백성 이스라엘의 관계를 가리키면서 사용한 방식이다. 물론 이 점에서도 사도는 선지자들의 전통에 충실히 섰음을 알 수 있다. 범죄한 이스라엘에 대한 하나님의 진노를 대언하는 말 속에서, 혹은 형벌 가운데 있는 이스라엘에 대한 하나님의 위로를 대언하는 선지자들의 말 속에서 가장 심금을 울리는 것은 하나님께서 자신을 이스라엘의 남편으로 계시하시는 대목이다. 이스라엘의 배교를 바라보는 하나님의 실망과 진노, 혹은 회개하는 이스라엘에 대한 하나님의 측은지심(惻隱之心)을 표현할 때 하나님을 이스라엘의 남편으로 말하는 것보다 더 좋은 방법은 없었을 것이다.

"14 여호와의 말씀이니라 배역한 자식들아 돌아오라 나는 너희 남편임이라" (렘 3:14상)
"20 그런데 이스라엘 족속아 마치 아내가 그의 남편을 속이고 떠나감 같이 너희가 확실히 나를 속였느니라" (렘 3:20)
"4 두려워하지 말라 네가 수치를 당하지 아니하리라 놀라지 말라 네가 부끄러움을 보지 아니하리라 네가 네 젊었을 때의 수치를 잊겠고 과부 때의 치욕을 다시 기억함이 없으리니 5 이는 너를 지으신 이가 네 남편이시라 그의 이름은 만군의 여호와이시며" (사 54:4-5상)

지금까지의 연구로부터 남편과 아내의 관계, 즉 혼인에 대하여 현실적으로 필요한 풍부한 교훈들을 이끌어 낼 수 있다. 다음 장부터 그 교훈들에 초점을 맞출 것이다.

3
혼인의 신비함

혼인의 신비함

에베소서 5:22-33에 나타난 혼인에 대한 사도의 이해에서 관심을 끄는 한 가지 요소는 혼인의 신비함이다. 그리스도에 대한 교회의 복종과 교회에 대한 그리스도의 사랑은 교회가 그리스도의 몸의 지체라는 사실에 근거한다. 그리스도와 그의 백성이 맺는 이 신비한 관계, 그리고 그의 백성이 그리스도의 몸에 붙음으로써 그의 지체가 되고, 그의 지체가 됨으로써 그의 백성이 서로 갖게 되는 관계가 우리의 완전한 이해를 초월한다는 사실을 일찍이 깊이 인식한 믿음의 선배들은 그것을 가리켜서 신비한 연합 (unio mystica: mystical union)이라고 말하였으며, 사도신경은 '거룩한 교회와 성도가 서로 교통하는 것을 믿사오며'라고 말함으로써, 그것을 우리의 믿음의 내용으로 삼았다. 그런데 사도는 교회와 그리스도의 그 신비한 관계를 혼인 관계의 원형으로 가르친다.

한 남자와 한 여자가 혼인하여 한 가정을 이루고 산다는 것은 그렇게도 신비한 일이다. 거기에는 우리가 아무리 깊이 궁구해도 다 알 수 없는 신비한 무엇이 있다. 그리고 이 신비는 혼인을 조금은 두렵고 조심스러운 것으로 만든다. 성경에서 배울 수 있는 이러한 혼인의 신비함은 혼인에 대한 어느 정도의 경험이나 연구로 그 깊은 내용을 다 아는 것처럼 생각하는 것이 어리석은 교만임을 상기시킨다. 부부와 혼인에 관한 많은 연구와 의견이 있고, 혼인의 문제에 대한 많은 분석과 처방이 있음에도 불구하고, 어느 것 하나 충분한 만족을 주지 못하는 현실은 혼인 관계의 신비함에 대한 증거로도 보인다.

혼인이란 인간 사회가 있는 곳이라면 어디에나 있고, 인류 역사가 지속되는 한 언제까지나 있으리라는 생각에서, 혹은 혼인이란 사람이 특별한 문제가 없는 한 누구나 할 수 있고 또 하는 것이라는 생각에서, 혹은 하루에도 무수하게 치러지는 혼인식, 게다가 거기에 연루된 장삿속에 대한 혐오에서 혼인을 별로 대수롭지 않은 것, 아주 흔한 것으로 여기게 된다면, 그것은 인간 사회를 뿌리로부터 무너뜨리기 위한 그 악한 자 사탄의 꾀임에 걸려드는 것이다. 왜냐하면 혼인에 대한 무시는 결국 그리스도와 교회의 거룩한 관계에 대한 무시와 연결되기 때문이다.

성경은 혼인을 금하는 것을 귀신의 가르침이라고 가르친다(딤전 4:1-3). 그렇다면 혼인을 대수롭지 않게 생각하는 것도 그에 버금가는 죄악임이 분명하다. '혼인이란 무엇인가, 그저 한 남자와 한 여자가 어쩌다가 만나서 미운 정 고운 정 쌓아가면서 자식 낳고 그럭저럭 사는 것이 아닌가'라고 가르치는 소설이나 매스컴의

메세지에 대하여 성경은 경고를 내리는 것이다.

이와 관련하여 또 한 가지 주의할 것은 이른바 '권태기'라고 부르는 기괴한 현상이다. 부부 관계의 문제를 논할 때 거의 언제나 거론되는 것이 권태기라는 것이다. 부부 관계가 일정한 시간을 경과하고, 부부가 사회적으로나 연령적으로 어떤 조건을 만족하면 거의 피할 수 없이 찾아오는 것으로 가르쳐지는 이 권태기라는 괴상한 상태는, 그러나 혼인의 신비성이라는 원칙에 정면으로 대립되는 것임을 주목하지 않을 수 없다. 권태기라는 괴상한 심리상태에 대한 많은 토론이 도리어 권태기를 조장하는 역효과를 낸다는 사실을 주목하기 바란다.

그러나 그것이 병적인 현상이긴 하지만 실은 사람의 오만의 결과이다. 자기가 다 알지 못하는, 그리고 다 알 수도 없는 혼인의 깊은 내용을 마치 다 안 것처럼 착각하고서, 거기에 대하여 감사할 줄도 모르고, 그 깊은 신비에 대하여 두려워하지도 않으면서, 아주 오만한 권태의 감정에 빠져드는 것이다. 그런 사람은 자신의 오만에 대한 대가를 스스로 치루게 될 것이다.

혼인의 심오함

그러나 혼인의 신비함은 혼인에 대하여 전혀 알 수 없다는 것을 의미하지는 않는다. 우리는 혼인에 대하여 많은 것을 알 수 있으며 또한 경험할 수 있다. 그러나 가장 깊은 본질과 그것이 가지는 상징성에 대해서는 설명할 수 없는 신비를 느끼는 것이다. 사실

엄격하게 말하면 사람은 궁극적으로 모든 것에서 신비를 만나게 된다. 보이는 모든 것, 느껴지는 모든 것, 경험되는 모든 것은 근본적으로 다 알 수 없는 신비를 근거로 하고 있다. 그리하여 사람은 마침내 무지(無知)의 지(知)에 도달하게 된다. 그러나 바로 이 신비에 대한 인식은 인간의 삶에 대하여 항상 새로운 지평을 열어주며, 그의 삶을 말할 수 없이 풍성하게 하고, 또한 그로 하여금 심오함에 끌리게 하는 것이다. 혼인에 있어서도 마찬가지이다. 혼인의 신비함은 우리로 하여금 혼인의 심오함을 느끼게 한다.

 현대의 특징 중 하나가 피상성(皮相性)이라면 이것은 혼인에 대한 이해에서도 예외 없이 나타난다. 부부 관계에 대한 많은 논의들은 대개 이런 식이다. '당신은 아내에게, 혹은 남편에게 당신이 상대방을 사랑한다는 것을 실제로 보여 주어야 합니다. 그러기 위하여 당신은 일주일에 최소한 몇 번은 아내를 포옹하여야 합니다. 일주일에 하루 저녁쯤은 반드시 아내와 자녀와 함께 보내도록 노력하고, 저녁 식탁에서는 가급적 다정하게 대화를 나누십시오. 잠자리를 함께 하는 것은 특히 중요하므로 잠자리에서는 또 이렇게 저렇게 하여야 합니다. 서로에게 솔직하고, 등등등 …'

 뿐만 아니다. 행복한 결혼에 대하여 책을 쓴 어떤 저자는 자신이 강의를 하고 다니면서 겪은 많은 경험을 소개하고 있는데, 그것은 주로 부부에 대한 자신의 강의를 듣고 문제의 해결을 받은 사례들이다. 상투적인 이야기는 대개 이런 식으로 전개된다. 어떤 사람(남자 혹은 여자)이 자신에게 와서 자기 가정의 오랜 문제에 대하여 자문을 구한다. 그러면 저자는 이런저런 처방을 내린다. 그리고 얼마 후에 그에게서 대답이 온다. '선생님 정말 감사합니다. 저희 부부는 문제가 완전히 해결되었습니다.' 이런 이야기를 들을 때 '과연 그럴 수 있을까'라고 고개를 갸웃하지 않을 수 없다. 이런 피상성이 그리스도인들 사이에서 자주 발견되는 것은 유감스러운 일이 아닐 수 없다.

그러나 성경이 품고 있는 혼인에 대한 사상은 얼마나 심오한가? 혼인은 유한하고 죄인인 인간이 만나서 이루는 한 관계에 불과하지만, 두 사람이 혼인이라는 연합을 통하여 결합함으로써, 과거에는 도저히 상상하지 못했던 새로운 관계가 형성되고, 그 관계 속에서 두 사람은 시간의 제약을 초월하여 신성한 세계로 비상(飛上)하는 것이다. 이것은 단순히 듣기 좋은 소리나, 낭만적인 소리가 아니다. 혼인이 천상의 것을 지상적인 것으로 드러낸다는 사실로부터 이런 결론을 내릴 수 밖에 없게 된다.

혼인에 대한 이와 같은 고귀하고 신성한 평가는 성경의 가르침의 독특함 중 하나이며, 이런 가르침을 통하여 가정이 지켜지고 인류의 역사는 큰 빛을 받는 것이다. 사도가 에베소서에서 그린 남편과 아내의 관계는 성신충만을 받은 그리스도인은 혼인의 그와 같은 모습을 드러냄으로써 진리의 빛을 사회에 비추어야 한다고 가르친다.

혼인의 지향성과 의존성

혼인이 자체의 폐쇄 구조를 가지지 않는다는 것이 또한 에베소서의 중요한 가르침이다. 일반적으로 인식되고 있는 행복한 혼인의 그림은 대개 다음과 같은 것이다. 우선 남편은 경제력이 있어서 가정의 물질적인 필요를 잘 공급하고, 아내는 살림을 잘 돌아보고 아이들을 잘 가르치며, 자녀들은 몸이 건강하고 부모에게 순종하며 공부도 잘하는 가정, 이것이 오늘날 일반적으로 생각하는 행복한 가정의 모습이다. 세상 사람들이 이런 가정을 이상적인 가정이라고 생각하고 그것을 지향해 나간다면, 그것을 크게 나쁘다고 말할 사람은 아무도 없을 것이다. 물론 그리스도인이라고 해서 그런 가정을 지향하면 안 된다고 말할 수도 없다. 하지만 만약 가정에 대한 이해가 거기서 그친다면 거기에는 큰 부족이 있음을 지적하지 않을 수 없다.

앞에서 살펴본 것처럼, 혼인은 본질적으로 그 자체의 구조로 완성된 것이 아니다. 혼인이란 우선 아담과 하와의 관계를 지향하여야 하며 그렇게 함으로써 다시 그리스도와 교회의 관계를 지향하여야 한다. 결국 혼인이 궁극적으로 지향하는 것은 그리스도와 교회의 관계이다. 그리고 이런 지향을 통하여 가정은 그리스도와 교회의 관계가 어떠함을 드러내는 것이고 그렇게 함으로써 타락한 인간의 역사와 사회 속에서 참된 인간의 존재 모습이 어떠한지를 보여주는 것이다.

이것이 사도가 에베소서에서 그리는 가정의 중요한 사명이다. 여기서 주의할 것은, 가정의 이런 지향성과 상징성은 가정에게 부가적으로 덧붙여진 어떤 것이 아니라 가정의 본질과 관련된다는 점이다. 남편과 아내의 관계가 영원하지 않다는 것이 이 사실을 뒷받침하는 한 증거가 될 수 있다.

　남편과 아내의 관계는 현세로 한정된다. 앞으로 올 영원한 세상에서는 혼인 관계라는 것이 폐지될 것이다. 부활을 믿지도 않는 사두개인들이 예수님을 말의 올가미에 걸리게 하려는 악한 의도를 가지고 질문을 던지기를 "24 선생님이여 모세가 일렀으되 사람이 만일 자식이 없이 죽으면 그 동생이 그 아내에게 장가들어 형을 위하여 상속자를 세울지니라 하였나이다 25 우리 중에 칠 형제가 있었는데 맏이가 장가 들었다가 죽어 상속자가 없으므로 그 아내를 그 동생에게 물려 주고 26 그 둘째와 세째로 일곱째까지 그렇게 하다가 27 최후에 그 여자도 죽었나이다 28 그런즉 그들이 다 그를 취하였으니 부활 때에 일곱 중의 누구의 아내가 되리이까"라고 하였을 때에, 예수님은 "29 너희가 성경도, 하나님의 능력도 알지 못하는 고로 오해하였도다 30 부활 때에는 장가도 아니 가고 시집도 아니 가고 하늘에 있는 천사들과 같으니라"(마 22:23-30)고 대답하신 일이 있다.

　여기서 부활 이후에는 혼인 관계는 더 이상 지속되지 않음을 배울 수 있다. 이 상태에 대하여 모든 내용을 다 알 수는 없지만, 몇 가지 추론은 할 수 있다. 우선 부활 이후에 우리의 의식과 자기 동일성을 유지한다는 것이 성경의 가르침이다. 그러므로 부활 이후에도 이 땅에서 사는 동안 나의 아내가 누구였고, 나의 자녀가 누구였다는 것을 기억하고 있을 것이며 그들을 식별할 수 있을 것이다. 그러나 이것은 순수 기억으로 있을 뿐이지, 부부나 부자의 관계를 지속시키는 방식으로 영향을 끼치지는 않을 것이다.

이것은 마치 부활 이후에 자신의 과거 죄악과 부족에 대한 모든 기억을 가지지만, 그것이 죄를 구성하는 방식이 아닌 것과 마찬가지일 것이다. 즉 죄에 대한 기억과 개념을 가지면서도 죄를 짓지는 않을 수 있듯이, 부부 관계에 대한 기억을 가지면서도 부부 관계를 구성하지는 않는 것이다.

어쨌든 주님의 이 가르침은 혼인 관계라는 것이 그 자체로 영원한 어떤 것이 아니라, 보다 높은 질서와의 관계 속에서 일정 기간만 존재하는 제도라고 가르친다. 이 가르침에서도 알 수 있는 바와 같이, 혼인 관계는 그것이 이 땅에서 지속될 때에 가지는 성격과 사명이 있다. 그러므로 혼인이 그리스도와 교회의 관계를 닮아가야 한다는 것은, 혼인의 중심적인 존재 이유임을 알 수 있다.

우리는 많은 불행한 가정들을 주위에서 발견하지만, 또한 비록 불신자의 가정이지만 잘 정돈되고 안정된 가정을 발견한다. 그러나 그런 가정을 이루고 산다고 하더라도, 혼인이 보다 높은 천상적 모습을 지향한다는 사실을 알지 못하고 사는 부부가 때때로 느끼는 것은 공허와 허무의 감정이다. 우리는 때때로 어떤 소설이나 영화가 그런 문제를 다루는 것을 발견한다. 경제력이 있고 가정에 충실한 남편과 아리땁고 현숙한 아내가 까닭 모를 허무와 공허의 감정을 가지고 사는 것이다. 그러다가 마침내 어느 날 아무런 분명한 이유도 없이 그만 이혼하고 마는 경우가 있다.

그런 불행을 경험하는 당사자들은 부부 관계에서 나타나는 그런 허무와 무의미의 이유를 잘 모를 것이다. 그러나 성경의 가르침에 비추어 볼 때, 그리스도와 교회의 천상적 관계를 지향해 가지 않는 가정은 존재 이유의 가장 깊은 근거를 발견하지 못하는 것이다. 많은 사람들은 허무를 채 느끼지도 못하고 바삐 살다가 삶을 마감하지만, 또 어떤 민감한 사람들은 그것을 느끼면서도 그 허무를 어쩌지 못하여 불행을 자초하는 것이다.

남편과 아내의 관계가 본질적으로 그리스도와 교회의 관계를 지향하고, 그것을 원형으로 삼고 그 모사로서 존재하여야 한다면, 남편과 아내의 정상적인 관계가 교회에 얼마나 의존적인지를 추측할 수 있다. 이 점과 관련하여 다음과 같은 교훈을 배울 수 있다.

남편이나 아내는 배우자에 대한 자신의 자세와 태도를 어디서 배울 수 있는가? 아내는 그리스도에 대한 교회의 복종에서 그것을 배우고 남편은 교회에 대한 그리스도의 사랑에서 그것을 배운다. 그렇다면 사도의 말에서 간취할 수 있는 것은, 정상적인 남편과 아내의 관계는 그들의 신앙의 성숙에 비례한다는 점이다. 사도는 이렇게 말하고 있는 것이다. '아내들이여 그대들이 이 세상을 사는 동안 남편을 어떻게 생각하고, 남편에 대하여 어떤 태도를 취하여야 할지를 알고자 합니까? 그렇다면 그리스도에 대한 교회의 복종을 더 잘 알아보고 거기서 그것을 배우도록 하시오. 남편들이여 그대들이 이 세상을 사는 동안 아내에 대하여 어떻게 생각하고 어떤 태도를 취하여야 할지를 알고자 합니까? 그렇다면 교회에 대한 그리스도의 사랑을 더 잘 알아보고 거기서 그것을 배우도록 하시오.'

그러므로 그리스도께 순종하는 교회의 회중과 함께 그리스도께 복종하는 생활을 배우고 실행하지 않는 아내가 바울의 권면을 깨달을 수는 없다. 또한 그리스도의 그런 사랑을 받는 교회의 회원으로서 그리스도의 사랑을 배우고 함께 받아가는 남편이 아니라면 그는 바울의 권면을 깨달을 수가 없다.

여기서 또한 주목할 수 있는 것은 남편과 아내는 서로 상대방의 체험을 공유하게 된다는 것이다. 즉 아내와 마찬가지로 남편도 교회의 지체로서 머리 되신 그리스도께 복종하여 감으로 그는 자신에 대한 아내의 복종이 어떤 것이어야 함을 배우게 되며, 남편과 마찬가지로 아내도 그의 몸 된 교회의 지체로서 그리스도의 사랑을 함께 받으면서 자신에 대한 남편의 사랑이 어떠하여야 함을 배우기 때문이다. 이것이 그리스도께서 현실적으로 그리스도인 가정을 정상적으로 세워 가시는 방식이다.

그렇다면 이제 정상적인 가정을 위하여 교회가 얼마나 중요한지를 알 수 있다. 여기서 사도가 말하는 교회는 보편의 교회이므로 그가 어떤 지역 교회에 속하느냐 하는 것은 그렇게 중요하지 않다고 생각하는 사람이 있다면 그는 사도의 생각의 한 면만 생각한 것이다. 신약 성경에서 교회라는 말을 할 때 거기에는 여러 가지 의미가 복합되어 있다. 설사 사도가 여기서 보편의 교회를 생각하고 있다고 하더라도, 그것은 항상 어떤 지역 교회의 회원이 됨으로써 가담할 수 있는 교회이며, 또한 어떤 지역 교회가 그 본질을 항상 드러내야 하는 교회이지, 보편의 교회와 지역 교회를 칼로 무를 베듯이 나눌 수 있다고 생각하는 것은 사도 바울의 사상에 대한 이해의 부족의 결과이다.

그리고 현실적으로 그리스도인 가정이 그의 교회의 성격을 반영한다는 것은 부인할 수 없는 사실이다. 교회가 무질서하고 소란스러우면 그 교회 회원들의 가정도 역시 무질서하고 소란스럽고 안정을 잃기가 쉽다. 교회는 그런 영향을 교회의 각 회원들과 가정에 끼치는 것이다. 역으로 만약 교회가 단정하고 법도가 잘 서 있다면, 그 교회에 속한 가정도 점점 그런 방향을 향하여 나아가는 것이다.

요컨대 가정은 교회와 분리되어 생각할 수 없는 것이다. 각각의 가정은 그 자체가 작은 단위가 되어서 그리스도와 교회의 관계를 드러내야 하지만, 그 각각의 가정들은 다시 하나의 공동체인 교회가 되어서, 전체적으로 그리스도와 관계를 가지며, 이런 관계를 통하여 가정은 다시 그 가정을 위한 규범을 배우게 된다. 가정과 교회는 그런 방식으로 서로 영향을 주고 받으면서 어떤 형태의 공동체들을 형성해 가는 것이다. 이러한 이유로 혼인 관계는 많은 경우에 교회에 의존적이 된다.

4
사랑과 복종의 실상

　남편과 아내의 관계를 논한 에베소서의 이 부분은 그리스도인이 된 후에 곧 익숙해지는 구절이다. 교회에서의 혼인 예식이나, 혹은 다른 곳에서 치러지는 그리스도인의 혼인 예식에서 대부분 주례사의 본문으로 이 구절이 채택되는 까닭이다. 그래서 어떤 때에는 이 구절이 좀 상투적이라고 느껴지는 경우가 있지만, 지금까지 살펴본 것처럼 이 구절은 언제 살펴 보아도 우리에게 아주 신성한 사실들을 상기시킨다.
　아마 이 구절만큼 많은 그리스도인들을 좌절시킨 성경도 많지 않을 것이다. 혼인을 하여 가정을 이룬 그리스도인이라면 누구나 느끼는 바이지만, 그리스도께서 교회를 사랑하시듯이 자기 아내를 사랑하고 있다고, 혹은 사랑할 수 있다고 느끼는 남편이 많지 않을 뿐 아니라, 교회가 그리스도에게 복종하듯이 자기 남편에게 복종하고 있다고 생각하는 그리스도인 아내도 그렇게 많지 않을 것이다.
　또한 이 구절만큼 그리스도인 부부에게 논쟁의 주제가 된 부분도 그렇게 많지 않을 것이다. 처음에 가벼운 의견 차이로 시작한 그리스도인 부부 사이의 사소한 지역 분쟁이 마침내 전면전으로 치닫기 시작할 조짐이 보이면 두 사람은 공히 이 구절을 떠올리게 된다. 그래서 다행스럽게 전면전 직전에 이성을 찾은 두 사람은 마침내 신학적 논쟁의 단계로 접어든다. 두 사람은 하나님의 말씀에 대한 자기의 논리로 무장한 채 다시 한번 일전을 불사할 태세를 갖추게 된다. 이 때 언제나 등장하는 구절이 바로 이 구절이다.

논쟁은 대개 이렇게 진전된다. 남편이 아내에게, 당신은 교회가 그리스도에게 복종하듯이 아내가 자기 남편에게 범사에(이 말을 할 때 남편은 대개 이 말을 '무조건적으로'라고 해석한다) 복종해야 한다는 성경의 가르침을 왜 순종하지 않느냐고 꼬집으면, 아내는 당연히 당신은 그리스도께서 교회를 사랑하듯이 자기 아내를 사랑하였느냐고 반문한다. 이렇게 서론이 시작되면, 다음에는 닭이 먼저냐 달걀이 먼저냐 하는 논쟁이 이어지는 것이다. 아내의 순종이 먼저라고 남편이 주장하면, 아내는 남편의 사랑이 먼저라고 주장한다. 순종하지 않는 아내가 어찌 남편의 사랑을 먼저 요구할 수 있느냐는 주장에 대하여 아내를 사랑하지 않는 남편이 어찌 아내의 순종을 요구할 수 있느냐는 반론이 제기된다.

그리하여 전투는 교착 상태로 들어가고, 그래도 하나님의 말씀을 가지고 논쟁을 벌인 두 사람은 스스로를 반성해야겠다는 생각과 씁쓸한 심정으로 전투를 끝내는 것이다. 그러다가 어느 정도 시간이 흐르면 남편은 아내를 좀 더 잘 사랑하지 않은 자신을 자책하게 되고, 아내는 아내대로 남편을 좀 더 존중하지 않은 자신의 부족을 스스로 뉘우치는 것이다. 아마 이런 종류의 경험을 가지지 않은 그리스도인 부부는 거의 없을 것이다.

그렇다면 사도가 에베소서에서 가르친 부부의 모습은 본질적으로 그리스도인 부부가 도달할 수 없는 표준인가? 사도는 이 구절을 말하면서, '아무도 이렇게 살 수 없는 것을 나도 알지만, 그래도 이런 표준을 세워 놓고 거기에 가급적 가까이 가기 위하여 노력하면 그래도 조금은 더 나아질 수 있지 않겠는가'라고 가르친 것일까?

어떤 사람들은 성경의 높은 도덕적 표준에 대하여 이런 식으로 생각하는 것 같다. 이런 생각을 구체적으로 표현하지는 않으면서도 무의식적으로 그런 생각 가운데 빠져 있는 경우가 적지 않은 것 같다. 그러나 이런 생각은 세상에 대한 교회의 증거를 말할 수 없이 약화시키는 요인이 된다는 점에서 썩 좋은 생각은 아니다. 신약 성경은 그리스도인이 성경의 윤리적 요구를 만족시키기 위하여 필요한 힘을 얻을 수 있는 두 가지 요소를 '믿음'과 '성신'으로 요약한다. 그리고 이것 외의 인간의 도덕적 노력이나 선의지(善意志)만으로는 그 윤리적 요구를 만족시킬 수 없다고 가르친다. 이와 같이 에베소서에서 가르친 그리스도인의 부부 관계의 모습도 성신 충만의 결과로 제시되는 것이다.

사도가 그리스도인 남편과 아내를 향한 권면을 기록한 이 부분은 성신으로 충만을 받은 사람의 구체적 모습을 그리는 부분이다. 5:18에서 "술 취하지 말라 이는 방탕한 것이니 오직 성령으로 충만함을 받으라"고 권면한 사도는, 성신 충만을 받은 새로운 공동체의 모습을 19-21절에서 말하기를, "시와 찬송과 신령한 노래들로 서로 화답하며 너희의 마음으로 주께 노래하며 찬송하며 범사에 우리 주 예수 그리스도의 이름으로 항상 아버지 하나님께 감사하며 그리스도를 경외함으로 피차 복종하라"고 한다.

그리고 나서 계속해서, 성신 충만을 받은 공동체의 일원들이 각자의 사회 생활에서 자신의 성신 충만의 결과를 드러낼 때 그것이 어떤 모습으로 드러날 것인지를 세 가지 사회적 관계에서 가르치는데, 사도가 택한 세가지 관계는 남편과 아내, 부모와 자녀, 종과 주인의 관계이다.

우선 사도가 생각한 '성신의 충만을 받는다'는 것이 무엇을 의미했는지를 생각해 보자. 많은 진실된 그리스도인들은 더욱 하나님의 백성다운 삶을 살 수 있기를 바라며, 그 삶의 비결이 또한 성신의 충만을 받는 것임을 배워서 알고 있다. 그래서 성신의 충만을 간절히 바라며 그것을 위하여 기도한다. 이렇게 기도하는 사람들의 심정을 가만히 살펴보면, 많은 경우에 그들이 이해하는 성신 충만, 그래서 그들이 받기를 바라는 성신 충만의 모습이 사도의 생각과 늘 같지는 않음을 발견할 수 있다.

그들이 바라는 성신 충만이란 마치 하루 아침에 모든 문제를 해결하는 어떤 비결인 것 같은 인상을 받는다. 그래서 성신의 충만을 기도하는 많은 사람들은 오순절의 경우처럼 어느 순간 하늘에서 불이 내려 오거나, 아니면 예수께서 요단강에서 세례 요한에게 세례를 받으셨을 때처럼 성신이 비둘기 같은 모습으로 내려오시든지, 그렇지 않으면 다메섹 도상의 사도 바울의 경우처럼 예수님이 자기 앞에 나타나 주시기라도 하기를 바라는 심정이 있는 것을 볼 수 있다.

특히 이런 심리는 하나님의 능력을 받아서 복음 전파에 전념하기를 원하거나, 혹은 여타의 특별한 종교적인 능력을 원하는 사람들에게서 자주 발견되는 듯하다. 또한 자신이 그런 체험을 했다고 말하는 사람들의 간증이 그와 같은 생각을 더욱 부채질하는 면도 있다.

그러면 사도는 이 문제를 어떻게 생각했을까? 이미 잘 알려진 사실이지만, 에베소서 5:18-6:9과 골로새서 3:16-4:1은 사도가 동일한 권면을 다른 두 서신에 기록한 것이다. 에베소서의 그 부분이 좀 더 자세하다는 것, 그리고 그것의 어투가 조금 다르다는 것을 제외하면 이 두 부분은 똑같은 내용이다. 그런데 논의와 관련하여 주목할 것은 에베소서 5:18-19과 골로새서 3:16이다.

에베소서 5:18에서 사도는 "성령으로 충만함을 받으라"고 말하는데, 골로새서 3:16에서는 "그리스도의 말씀이 너희 속에 풍성히 거하여"라고 말한다. 여기서 사도가 의도적으로 이렇게 다른 표현을 사용한 것 같지는 않다. 그렇게 해야 할 이유가 별로 없어 보이는 까닭이다. 즉 사도는 동일한 교훈을 말하면서 무의식적으로 그렇게 달리 표현하게 된 것이다. 여기서 알 수 있는 것은, 사도의 마음속에서는 '성신의 충만'은 곧 '그리스도의 말씀의 충만'이라는 것이다.

어느 신학생들의 모임에서 강의를 할 기회가 있어서 거기서 이 구절을 근거로 오늘날 많은 사람들이 성신의 능력을 체험하지 못하며, 많은 교회가 거룩한 능력을 발휘하지 못하는 것은 바로 그리스도의 말씀이 풍성하지 못하기 때문이라고 말하였더니 한 사람이 반론을 제기하였다. 그의 주장인즉, 그리스도의 말씀만으로는 부족하고 성신께서 따로 능력을 베푸시는 역사가 있어야 한다는 것이었다. 그는 자신의 주장의 근거를 이렇게 밝혔다. '오늘날 우리 나라 교회에 그리스도의 말씀이 무엇이 부족합니까? 주일마다 교회의 강대에서는 하나님의 말씀이 전파되고 개인 성경 공부를 위한 교재는 홍수처럼 쏟아져 나오며 그렇게 많은 성경 공부반들이 있지 않습니까? 그러니까 그리스도의 말씀은 풍성한 것입니다. 우리에게 필요한 것은 신비하게 임하는 성신의 능력의 체험입니다.'

무엇이 문제인가? 만약 사도의 생각을 논리적으로 밀고 나간다면, 그렇게 많은 설교와 그렇게 많은 성경 공부 교재와 그렇게 많은 성경 공부반이 있음에도 불구하고 그리스도의 말씀은 기갈이라고 말해야 할 것이다. 마치 홍수가 나면 식수가 가장 귀하듯이 말이다. 그러므로 둘 중의 하나를 선택하여야 한다. 사도의 가르침을 따라서, 설교와 성경 공부를 근본적으로 반성해 보든지, 아니면 사람의 판단을 따라서 모든 성경 공부와 설교는 충분하고 거기에 별다른 성신의 능력이 필요하다고 생각하든지 하여야 한다.

그러나 결론은 역시 그럴지라도 그 모든 문제를 다시 하나님의 말씀에 비춰서 해결하여야 한다는 것이다. 만약 오늘날의 설교와 성경 공부 방식을 반성하고 비판한다면, 그렇게 하기 위한 하나님의 말씀에 대한 지식이 있어야 하며, 별다른 성신의 기이한 능력을 기대해야 한다면, 그렇게 하는 것이 정당하다는 성경의 근거를 다시 찾아야 하는 것이다. 이 문제에 대한 논의는 주제를 벗어나는 것이므로, 졸저 '신비체험과 신앙'(도서출판 나비)을 소개하는 것으로 마쳐야겠다.

그 책의 결론을 여기에 적용시켜 보면, 에베소서의 권면이 각 부부에게서 구현되는 방식은 다음과 같다. 즉 에베소서의 이 가르침의 깊은 의미와 그것의 현실적인 함의들을 자세히 연구하여 익히 알며, 그 가르침들이 생활 속에서 이루어지기를 주께 간구하면서 부부가 함께 하나님을 의지하노라면 하나님께서는 성신의 능력으로 역사하셔서, 우리가 연구하여 익힌 그 말씀을 사용하여 우리의 내면을 변화시키며, 그리하여 그런 부부 관계를 갖도록 하시는 것이다. 이것이 하나님께서 사용하시는 정상적인 방법이며, 이것 이외에 다른 방법을 찾는 것은 무익한 일이다.

그러므로 에베소서의 이 구절은 성신의 충만을 받은 부부들이, 비록 그들의 신앙의 성숙의 정도에 따라서 조금씩 차이가 있기는 하겠지만, 현실적으로 이루어 나가야 할 것을 기대하고 사도가 내린 명령이다. 이 명령을 수행하기 위한 능력은 성신의 충만이고, 그것은 결국 이 말씀의 현실적인 함의들을 더 자세히 연구해 나감으로 얻어지는 것이므로, 이제 다음 단계로 연구를 계속해 나가기로 하자.

지금부터 관심을 기울이고자 하는 것은, 이 구절이 말하는 바 부부 관계에 있어서 두 사람이 서로에 대하여 가져야 할 심정이 어떠해야 하느냐는 것이다. 여기서 다시 앞에서 연구한 사도의 논리를 따라가 보아야 한다. 사도는 남편과 아내의 관계의 원형을 일차적으로는 아담과 하와에게서 찾았고, 다음으로는 그리스도와 교회에서 찾았다. 먼저 아담과 하와의 경우를 생각해 보자.

하나님께서는 아담과 하와를 똑같은 방식으로 동시에 만들지 않으시고, 아담을 시간적으로 먼저 만들고 다음에 아담의 신체의 일부로 하와를 만드셨다. 하나님께서 이런 시간적 차등을 두신 것은, 그런 창조의 시간적 순서가 혼인에서의 남편과 아내의 관계에 중요한 의미를 갖게 하려는 것이었다고 사도는 생각한 듯하다. 그 증거가 디모데전서 2:11-14이다.

> "여자는 일체 순종함으로 조용히 배우라 여자가 가르치는 것과 남자를 주관하는 것을 허락하지 아니하노니 오직 조용할지니라 이는 아담이 먼저 지음을 받고 하와가 그 후며 아담이 속은 것이 아니고 여자가 속아 죄에 빠졌음이라" (딤전 2:11-14)

여기서 사도는 인간 사회의 남녀 사이에 어떤 권위 구조와 선후(先後) 관계가 있어야 할 것을 가르치면서 남자와 여자의 창조의 시간적 차이를 그 근거 중의 하나로 제시하는 듯하다.

여기서 몇 가지를 주의하여야 한다. 우선 사도가 부부 사이에 권위 구조를 만들어 놓았다는 사실 자체에 대하여 혐오감을 갖는 사람들이 오늘날 많이 있다. 물론 많은 경우에 그들은 사도가 생각한 권위 구조의 실질을 잘 알지 못하고, 단지 권위 구조라는 말 자체에 반발하는 것이다. 물론 부당한 성 차별과 남성 우월주의에 대한 반발이 원인의 일부인 것을 감안할 때 그들의 그런 주장의 많은 부분을 이해할 수 없는 것은 아니지만, 또한 많은 부분에서 그들은 반대쪽 극단으로 치우치며, 특히 사도의 생각에 도전하는 태도는 용납하기 어렵다.

그런 극단에 치우치는 사람들은 두 가지 중 한 가지 방식을 취한다. 첫째는 적극적으로 사도의 생각을 비판한다. 즉 사도 바울도 그 시대의 아들이며 당시 사회의 사상적 영향을 벗어날 수 없었을 것이므로 그의 생각 자체가 수정되어야 한다는 것이다. 이렇게 주장하는 사람들은 자신의 주장을 정당화하기 위하여 자신의 영혼을 잃어버리는 어리석은 짓을 하는 셈이다. 좀 더 부드러운 또 다른 태도는, 사도의 태도에 대한 과거의 전통적인 권위주의적 해석이 잘못되었으므로 사도의 말을 재해석해야 한다는 것이다. 그래서 그들은 자신의 생각을 정당화하기 위하여 여러 가지 성경적 근거를 끌어대지만 그 주장에 설득력이 부족한 경우가 많다. 그러므로 이런 잘못된 태도에 대하여 주의하여야 할 것이다.

다음으로 주의할 것은, 남녀의 권위 구조와 선후 관계의 근거로 사도가 제시한 이유가 하나님의 경륜이라는 점이다. 사도는 그런 권위와 선후 관계의 근거로, 어떤 사람들의 생각처럼, 여자는 마음이 약하기 때문이라거나, 결단력이나 지도력에서 남자보다 부족하기 때문이라거나, 논리력이나 추상적 사고 능력이 남자보다 약하기 때문이라고 말하지 않는다는 사실을 주목하여야 한다. 그런 권위 구조는 하나님께서 인간 사회의 정당한 유지를 위하여 남녀 사이에 설정한 경륜의 결과이며, 그것은 하나님의 기뻐하심의 문제이지 능력의 문제가 아니다.

그러므로 가정에서 남편이 권위를 가지게 된 것은 자기가 모든 면에서 아내보다 더 훌륭하기 때문이 아님을 알아야 하며, 아내가 남편에게 복종해야 하는 것은 자신이 남편보다 열등한 존재이기 때문이 아님을 알아야 한다. 이것이 우선 가정에서 아내가 남편에게 복종할 때에, 혹은 남편이 아내의 복종을 기대할 때에 기본적으로 가져야 할 심정이다.

그러나 이런 사실에 대한 인식이 아내의 복종을 마지못해서 하는 것이 되게 해서는 안 된다. 즉 '내가 여자로 태어났으니 별 수 있나 이렇게 할 수 밖에'라는 심정을 가지고 남편에게 복종하는 것은 여인의 바른 심정이 아니다. 남편에 대한 아내의 복종은 마음에서 우러나오는 진정한 복종이어야 한다. 그것이 사도가 말하는 바이다. 이런 심정을 다시 아담과 하와의 모습에서 추론할 수 있다.

아담을 잠들게 하시고, 그의 갈비뼈 하나를 취하여 그것으로 여인을 만드신 하나님께서는 그 여인을 아담에게 이끌어 오셨다. 성경은 아담의 심정만을 기록하고 하와의 심정에 대해서는 아무 언급이 없다. 그러나 여기서 하와가 아담에 대하여 느꼈을 것이 분명한 심정을 추측할 수 있다. 하와가 아담을 보았을 때에 무엇을 느꼈겠는가? 우선 아담은 자신의 존재의 근원이었다. 자신의 존재는 그의 신체의 일부에서 말미암았으며, 따라서 자신은 그의 존재와 뗄 수 없는 관계이다. 자신은 그의 일부로서, 그에게 붙어 있음으로 해서 자신의 존재는 의미가 있어지는 것이다. 그러므로 자신은 모든 일에서 자신의 존재의 근원인 그에게 순종하고 그의 말을 들으며 살아야 한다고 생각하였을 것이다. 그리고 하와가 아담을 향하여 가졌을 이 심정은 바로 교회가 그리스도를 향하여 가져야 하는 심정과 본질적으로 동일한 것이다. 이런 생각을 근거로 해서 사도는 아내를 향하여 "아내들이여 자기 남편에게 복종하기를 주께 하듯 하라 이는 남편이 아내의 머리 됨이 그리스도께서 교회의 머리 됨과 같음이니"(엡 5:22-23상)라고 명령한 것이다.

자신의 존재의 근원인 아담에 대한 하와의 심정은, 그리스도를 생명의 주로 아는 그리스도인의 심정과 같다고 사도는 생각한 것이다. 하와에게 아담은 자기 존재의 근원이며, 자신의 생명과 자신의 모든 것은 그로부터 연유한 것이다. 그리고 그리스도인에게 그리스도는 자신을 죽음과 지옥의 형벌에서 건져 내심으로써 그의 구주가 되신 생명의 근원이며, 그가 그 된 것은 그리스도로 말미암음이다. 그리스도에 대한 교회의 복종은 이와 같은 심정의 움직임이다.

그래서 사도는 단순히 교회가 그리스도에게 하듯 남편에게 복종하라고 일반적으로만 말한 것이 아니라, 아내 자신이 그리스도에게 복종하듯 남편에게 복종하라고 말한 것이다. 이것은 아주 구체적으로 아내가 그리스도에 대하여 갖는 심정을 거론하여 말한 것이다. 사도는 여기서 복종의 조항을 나열하지 않는다. 단지 그 중심, 그 심정만을 가르친다. 그런 심정이 형성되면 행동은 자연히 따라온다고 사도는 생각한 것이다. 이것은 또한 기독교 윤리의 대원칙이기도 하다.

여기서 한 가지 주의할 것은 이것이 남편에 대한 아내의 무조건적이고 절대적인 순종을 가르치지는 않는다는 것이다. 이 점과 관련하여 생각할 것은 이것이다. 즉 사도는 남편과 아내의 관계를 설명하기 위하여 그리스도와 교회의 관계를 들고 있는데, 이 두 가지 관계가 어떤 방식으로 대응되느냐는 것이다. 아내는 그리스도에 대하여, 또한 교회는 그리스도에 대하여 무조건적인 순종을 바치는 것이 당연하다. 그리스도는 완전한 신인(神人)이시고, 또한 우리의 죄를 속하신 구주이시므로, 그리스도에 대한 우리의 복종은 아무리 완전하여도 도리어 부족할 것이다. 그러나 남편은 그런 존재가 아니다. 때로는 죄악에 의하여, 혹은 무지나 성격 상의 결함에 의하여, 혹은 인격적인 미성숙에 의하여 자주 넘어지기도 하고 범죄하는 연약한 인간에 불과한 것이다.

그런데 이런 사실을 누구보다 잘 알고 있을 사도가 그런 남편에게 그리스도에게 하는 것과 똑같은 절대적인 순종을 바치라고 말했다고는 생각하기 힘들다. 그러므로 사도가 문제 삼는 것은 남편에 대한 아내의 심정인 것이다. 설사 부부 사이에 의견의 차이가 나더라도, 혹은 남편이 잘못된 길을 가기 때문에 아내가 거기에 대하여 무엇인가 해야겠다고 생각하고 어떤 행동을 취하더라도, 그 행동의 기저에 있는 아내의 심정은 하와가 아담을 향하여 가졌던 것과 같은 심정, 그리고 교회가 그리스도를 향하여 가지는 것과 같은 심정이어야 한다는 것이다.

남편에 대한 아내의 심정을 이렇게 가르친 후에 사도는 이제 아내에 대한 남편의 심정을 가르친다. 아내에 대한 권면보다도 훨씬 더 긴 남편에 대한 권면에서 사도는 가슴을 울리는 방식으로 그리스도의 사랑과 남편의 사랑을 연결시킨다. 아내에 대한 남편의 사랑을 설명하기 위하여 사도가 그리는 교회에 대한 그리스도의 사랑은 그렇게 구체적이고 생생할 수가 없다. 여기서 사도의 마음을 사로잡는 그리스도의 사랑은 교회를 위하여 자신을 주시는 사랑이다. 성경은 그리스도께서 세상을 사랑하신다고 말하는데 그런 사랑의 실상은 교회에 대한 사랑인 것이다. 결국 그리스도께서 위하여 자신을 주신 대상은 그의 교회이다.

여기서 다시 하와에 대한 아담의 심정을 상기하여야 한다. 깊은 잠에서 깨어나, 자기 앞에 선 한 여인을 보면서 하나님의 말씀을 통하여 그 여인이 자신의 갈비뼈로 지음 받은 여인임을 알게 되었을 때 아담은 무엇을 느꼈을까? 더욱이 온 세상에 사람이라고는 자기 이외에 단 한 사람인 그 여인을 보았을 때 아담이 마음 속에 느꼈을 심정을 상상하면서 사도는 아내에 대한 남편의 사랑을 그려 보이는 것이다. 그 때의 아담의 심정은 그 여인을 위하여 자신을 서슴없이 줄 수 있다는 것이었다. 왜냐하면 그는 타인이 아니라 바로 자신의 육체의 일부이기 때문이다. "이는 내 뼈 중의 뼈요 살 중의 살이라"는 말은 교회를 위한 그리스도의 절실한 사

4. 사랑과 복종의 실상

랑을 깨닫게 하기 위하여 하나님께서 최초로 내려 주신 계시인 셈이다.

이것은 그의 존재에서 뿐만 아니라 그가 이 세상에서 하나님의 뜻을 받들어서 시키시는 일을 해 나감에 있어서도 마찬가지였다. 창세기의 문맥이 이 점을 암시한다. 하나님께서 사람을 지으신 목적을 개괄적으로 기술한 창세기 1:26-28에서 사람이 하나님의 명하시는 일을 위하여 지음 받았음을 발견한다. "그들로 바다의 물고기와 하늘의 새와 가축과 온 땅과 땅에 기는 모든 것을 다스리게 하자"(창 1:26하)는 하나님의 의도는 창세기 2:19-20의 구절 속에서 구체적으로 드러난다. 아담이 그것들의 이름을 지었다는 사실은 창세기 1:26-28의 하나님의 의도를 그가 순종하기 시작했음을 암시한다(히브리인의 표현에서 이름을 붙여준다는 것은 그것에 대한 지배권을 확보함을 의미한다).

그런데 하와의 창조 이야기 중간에 이 이야기를 삽입시킴으로써 모세는 하와의 존재가 아담이 수행해 나가는 하나님의 명령과 밀접하게 관련되어 있음을 아주 웅변적으로 보여주는 것이다. 하와의 역할은 20절의 "아담이 돕는 배필이 없으므로"라는 말에 잘 나타나 있다. 문맥에 비추어서 이 말을 풀어 쓰면 이렇다. '아담이 모든 가축과 공중의 새와 들의 모든 짐승에게 이름을 주는 일을 할 때 그를 돕는 배필이 없으므로' 그러므로 이 사랑을 너무 낭만적으로만 생각해서는 안 된다. 그 사랑은 하나님께서 사람에게 맡기신 사명의 수행을 배경으로 하고 있는 까닭이다. 하나님의 피조물로서 인간의 책임 완수라는 사상이 빠진 부부의 사랑은 허공에 지은 건물과 같다. 이런 사랑이 얼마나 취약한가 하는 것은 이미 많은 사람이 슬픈 실험을 통하여 증명하였으므로 더 이상 그런 사랑을 실험할 필요는 없을 것이다.

아내에 대한 남편의 사랑을 더 잘 설명하기 위하여 사도는 교회를 향한 그리스도의 사랑이 구체적으로 드러나는 모습과 그리스도께서 그렇게 하시는 목적을 압축된 말로 표현하고 있다. 사도의 말을 요약하면 이렇다. 그리스도께서는 교회를 위하여 자신을 주시는 사랑을 하시는데, 그 사랑은 교회를 가장 교회답게 보전하고자 하는 노력으로 표현된다는 것이다.

> "이는 곧 물로 씻어 말씀으로 깨끗하게 하사 거룩하게 하시고 자기 앞에 영광스러운 교회로 세우사 티나 주름 잡힌 것이나 이런 것들이 없이 거룩하고 흠이 없게 하려 하심이라" (엡 5:26-27)

그리스도께서는 교회가 도달할 수 있는 가장 높고 순결한 위치에 교회가 도달하도록 모든 일을 하시는 것이다. 그리고 이것이 교회를 향한 그리스도의 사랑이다. 이 사랑에서 배울 수 있는 남편의 사랑은 이것이다. 남편은 자기 몸을 사랑하듯이, 그리스도께서 교회를 위하여 자신을 주시는 심정으로 아내를 사랑하여야 하는데, 그것은 곧 아내가 한 인간으로서 한 여인으로서 가장 인간답고 아름답고 순결한 위치에 도달하며, 하나님께서 그녀에게 맡기신 일들을 가장 잘 수행할 수 있도록 모든 필요를 공급하여 주는 것이다. 이 점에서는 남편에 대한 아내의 순종도 마찬가지이다. 그저 노예처럼 남편의 말이라면 쩔쩔 매면서 따르라는 말이 아니다. 하나님께서 맡기시는 일을 남편이 가장 잘 수행해 나가도록 그의 뜻을 높이고 순종하는 것, 이것이 또한 아내의 복종의 정신인 것이다.

그런데 여기서 또 한 가지 교훈을 배울 수 있다. 만약 교회에 대한 그리스도의 사랑이 현실적으로 이런 모습으로 나타난다면 그리스도의 사랑을 받는 교회가 어떤 교회인지를 판단할 수 있는 척도 하나를 얻게 되는 것이다. 교회가 현실적으로 이런 은혜를 받고 있다면 그 교회는 그리스도의 사랑을 받고 있다고 확신할 수 있다. 즉 물로 표현되는 바 죄악으로부터 교회를 정결케 하시는 하나님의 역사가 그 교회에 분명히 있으며, 온 교우가 그것을 알고 느끼고 있는가? 또한 죄악과 불결을 척결해 내는 하나님의 말씀이 그 교회에서 능력 있게 전파되어 교회가 죄악과 불결을 멀리하려고 노력하며, 그리하여 조금이라도 죄의 세력으로부터 해방을 경험하고 있는가? 그리하여 교회에서 티나 주름 잡힌 것이 자꾸 없어지고 거룩하고 흠이 없는 상태를 향하여 점점 나아가고 있는가? 만약 이런 사실이 교회에 있고, 그리스도께서 그 교회에서 그렇게 하신다는 실질을 온 교회가 느끼고 있다면 그들은 그리스도께서 그 교회를 사랑하신다고 확신하여도 좋다.

그러나 만약 교회에서 죄악들이 그렇게 심각하게 처리되지 않는다거나, 어떤 이유에서든지 타락한 사람의 불결이 지혜롭고 정당한 방법으로 방지되지 않는다거나, 교회가 습관적인 죄악에 빠져서 거기서 벗어날 아무 능력도 없고 그것으로부터 교회를 지켜

주시는 그리스도의 아무 증거도 가지고 있지 못하다면, 다른 종교적인 면에서 교회가 아무리 화려하고 번성하여도, 그 교회가 그리스도의 사랑을 받고 있다는 증거는 찾아보기 어려운 것이다.

 타락해 가는 아내에 대한 남편의 무관심은 그가 아내를 버렸다는 가장 분명한 증거이다. 아내를 진정으로 사랑하는 남편은 그녀가 가장 이상적이고 충만한 상태에서 조금이라도 떨어지는 것을 아픔을 가지고 쳐다보지 않을 수 없으며, 그것을 방지하기 위하여 자신의 힘을 쏟지 않을 수 없을 것이다. 이것이 아내를 사랑하는 남편의 자연스러운 심정이다. 그리고 남편의 그런 심정을 알 때 아내는 남편의 지극한 사랑을 느끼는 것이다.

 고귀하고 거룩한 세계를 사모하는 것이 아니라 세상적인 기쁨에 마음을 점점 빼앗기고 거기에 점점 빠져들어가는 아내가 있다면, 남편은 온 힘을 다하여 좀 더 아름다운 세계, 좀 더 고귀한 세계로 그녀를 이끌기 위하여 노력할 것이다. 이런 사랑은 교회에 대한 그리스도의 사랑에서도 마찬가지이다. 앞에서 인용한 구약에서 하나님께서 자신을 이스라엘의 남편으로 표현하시면서 이스라엘에게 배교에서 돌이킬 것을 선지자를 통하여 호소하는 모습은 우리의 마음을 울린다. 그러나 그런 선지자의 목소리가 있다는 것은 아직 하나님께서 이스라엘을 사랑하신다는 증거였다. 이스라엘이 그 목소리를 계속 거부하자 마침내 하나님은 이스라엘로 하여금 귀가 먹고 눈이 멀어서 더 이상 선지자의 말을 깨닫지 못하게 하셨다(사 6:8-10). 그리고 남은 것은 버리심과 형벌이었다. 무서운 일이 아닐 수 없다.

4. 사랑과 복종의 실상

어쨌든, 아내에 대한 남편의 사랑은 자신에 대한 사랑이다. "자기 아내를 사랑하는 자는 자기를 사랑하는 것이라"(엡 5:28하)는 말을 해석하기를, 남편이 만약 자기 아내를 잘 위하고 돌봐 주면 그 결과 아내도 남편에게 잘 대해 줄 것이므로 자기 아내를 사랑하는 것은 결국 자기를 사랑하는 것이라고 생각하는 사람이 있다면, 그는 사도의 의도를 상당히 잘못 짚은 것이다. 여기서 아내에 대한 남편의 사랑은 그런 계산이나 이해 타산에 의한 것이라고는 도저히 생각할 수 없다. 사도가 이 부분에서 그리고 있는 사랑의 고결함은 그런 생각의 여지를 전혀 허용하지 않는다. 아내에 대한 남편의 사랑은 우리가 아직 죄인 되었을 때에 우리 죄를 위하여 죽으신 그리스도의 사랑에 비견할 만한 사랑인 것이다. 거기에는 그런 이해 타산의 심정은 조금도 없다.

남편에 대한 아내의 복종, 아내에 대한 남편의 사랑은 이와 같이 상대방에 대하여 요구할 수 있는 권리 조항이 아니라, 상대방에 대하여 서로가 지는 의무 조항이라고 말해도 좋을 것이다. 그러면 달걀이 먼저냐 닭이 먼저냐 하는 논쟁은 사라질 것이다. 물론 에베소서의 이 구절을 공부한다고 해서 하루 아침에 남편은 아내에 대한 사랑의 화신이 되고 아내는 남편에 대한 순종의 화신이 되는 것은 아니다. 그리고 그렇게 기대할 수도 없다. 그러나 이런 사랑을 아내에게 쏟을 수 있는 남편, 이렇게 남편에게 순종하는 아내가 되기 위하여 다른 묘방을 찾아도 효과는 없다. 우리는 다시 이 구절을 묵상하고 다시 이 구절을 읽으면서, 사도에게 영감을 주셔서 이 구절을 기록하게 하신 그 성신께서 이 구절을 사용하여 우리 안에 그런 사랑과 순종의 정신을 일으켜 주시기를 바랄 뿐이다.

 우리의 생애 동안에 이런 완전한 사랑과 순종에 도달했다고 자신 있게 말할 수 있는 순간은 없을지도 모른다. 그럴지라도 하나님께서는 이 말씀을 사용하셔서, 정도의 차이는 있지만 이 원칙과 이런 성격을 가진 부부를 만드시며, 그렇게 하심으로써 영광을 거두실 것이다. 그러나 우리는 마침내 완성에 이를 것이다. 그 완성은 물론 부부 사이에서 이루어지는 것은 아니다. 부부 사이에서 느끼는 갈증과 미완성은 그리스도께서 오시는 그 날 신랑이신 그 분과 그의 신부인 교회와의 혼인식에서 흡족하게 만족될 것이다.

 사도는 계시에 대한 그런 깊은 이해와 신학적 사색으로부터 이 구절을 기록한 것이다. 거기에는 아담과 하와의 관계를 통하여 상징적으로 표현된 영원한 질서의 지상적 모사가 있다. 사도는 그 기묘한 관계로부터, 하나님 나라가 이 땅에 임하고 교회가 섰을 때 교회와 그리스도가 맺는 관계를 깨달아 낸 것이다. 우리를 더욱 놀라게 하는 것은 사도가 이 영광스러운 관계를 남편과 아내에게 적용시킨 점이다. 그리고 그것은 사도의 필연적인 논리의 결과이다. 혼인은 이렇게 해서 교회와 연관이 되고, 남편과 아내는 구속 받은 새로운 공동체의 삶의 모습, 즉 그리스도께 붙어서 그의 지체가 되는 교회와 그 교회의 머리가 되시는 그리스도, 그리고 거기에 존재하는 신비한 연합의 모습을 드러내야 한다. 이것이 남편과 아내가 부부로 존재하는 참된 존재 이유이다.

4. 사랑과 복종의 실상

5
한 몸의 교회적 의미

> 15 너희 몸이 그리스도의 지체인 줄을 알지 못하느냐 내가 그리스도의 지체를 가지고 창녀의 지체를 만들겠느냐 결코 그럴 수 없느니라 16 창녀와 합하는 자는 그와 한 몸인 줄을 알지 못하느냐 일렀으되 둘이 한 육체가 된다 하셨나니 17 주와 합하는 자는 한 영이니라(고전 6:15-17)

신자의 성적인 순결을 논하는 이 부분에서 다시 '한 몸'과 관련된 사도의 생각의 일면을 발견하게 된다. 여기서 새롭게 발견하는 것은, 창세기의 '한 몸'이라는 표현이 성적인 관계를 함의하고 있다는 것이다. 사도는 창녀와 합하는 것이 무엇을 의미하는지를 깨우치기 위하여 "둘이 한 육체가 된다"는 창세기의 구절을 인용한다. 그런데 여기서 사도는 창녀와 합해서 둘이 한 몸이 되는 것과 그리스도와 합하여 한 영이 되는 것만을 대비시키기 때문에 다음과 같은 의문을 가지게 된다.

창녀와의 관계가 부끄러운 일이라는 것은 오늘날에도 사회적 통념이 되었으므로 이 구절에서 사도가 창녀와의 관계를 비판하는 것에 대하여 의문을 제기할 사람은 별로 없을 것이다. 물론 사도는 지금 고린도 교회가 처한 독특한 사회적 도덕적 환경을 염두에 두고 있으며 또한 고린도 교회가 사도에게 보낸 서신의 문제점들에 초점을 맞추고 있는 까닭에 창녀의 문제를 거론했을 것이다. 그러나 창녀와의 성 관계가 왜 악한 것인지 그 이유를 사도에게 물을 수 있다. 또한 창녀가 아닌 남녀의 성 관계도 동일하게 악한 것이라고 사도가 생각했는지에 대해서도 물을 수 있다.

과거 고린도 교회에서 창녀의 문제가 심각한 문제였다면, 오늘날 우리 사회에서는 일반적으로 방만한 성 관계가 심각한 문제가 되고 있다. 많은 문학 작품이나 영화는 전통적인 성 도덕을 부정하며, 심지어 왜곡된 성 도덕을 가르치기 때문이다. 사랑하는 남녀가 자신의 사랑을 육체적인 방식으로 표현하고, 그렇게 함으로써 서로의 사랑을 확인하는 것이 무엇이 잘못이냐는 생각이 널리 퍼져 있는 오늘날의 사회에 속한 교회에게 사도가 편지를 썼다면, 아마 그는 창녀의 문제보다 좀 더 광범위한 성 도덕의 문제를 거론하였을 것이다. 이제 고린도전서의 이 구절에 구체적으로 표현되지는 않았지만 사도의 생각에서 추론할 수 있는 내용들을 살펴보기로 한다.

여기서 사도가 창녀와의 성 관계를 거론하면서 그것이 부부의 순결을 파괴하는 것이므로 잘못되었다고 말했을 법한데, 사도는 부부의 순결 문제는 전혀 거론하지 않고 있음을 발견하고 좀 기이한 생각을 가지게 된다. 일반적으로 성적인 순결은 혼인 관계에서 중요하게 다루어지며, 그 일차적인 의무를 부부 관계의 의무에서 찾는 데에 익숙해진 우리에게 사도가 이 문제와 관련하여 부부 사이의 정조의 문제를 전혀 언급하지 않는 것은 좀 이상하게 보인다. 거기에는 다음과 같은 몇 가지 이유가 있을 것이다.

첫째는 창녀와의 성 관계가 반드시 혼인한 남자만이 가질 수 있는 것이 아니기 때문일 것이고, 둘째는 부부 사이의 관계가 이미 사도의 마음속에 전제되어 있어서 그것을 굳이 거론할 필요를 느끼지 못한 까닭일 것이며(이 점은 앞에서 이미 분명해졌다), 셋째로 그리스도인에게 성적인 순결의 문제는 부부 사이의 문제 이전에 그리스도와의 관계의 문제라는 훨씬 심각한 성격을 띠고 있다고 사도가 생각했기 때문일 것이다.

사도는 여기서 창녀와 합하는 것을 부끄러운 일이라고 하고, 그 이유는 창녀와 합하는 것이 그리스도의 지체를 떼어내서 (이것이 원어의 뉘앙스이다) 창녀의 지체로 만드는 것이기 때문이라고 하였다. 그렇다면 그것이 창녀가 아닌 다른 여인과의 성 관계라면 문제가 없는 것인가 하는 의문을 떠올리게 된다. 만약 그것도 잘못된 것이라면 그 근거가 무엇인가?

여기서 에베소서에서 훨씬 구체적으로 표현된 남편과 아내, 그리스도와 교회의 사상이 창녀와의 문제를 다루면서 그대로 드러남을 알 수 있다. 사도는 이 문제와 관련하여 '한 몸', '지체' 등의 용어를 사용하는데 이런 용어들이 우선 에베소서의 그 부분을 연상시킨다. 우리가 살펴본 것처럼 에베소서에서는 이 개념이 남편과 아내/그리스도와 교회 사이의 관계로 사용되었는데, 여기서는 그것이 창녀와의 관계에서 사용된다. 그런데 이 '한 몸', '지체'의 관계가 남편과 아내 사이의 관계에서는 정당한 것이었지만, 여기 창녀와의 관계에서는 그것이 부당한 것으로 지적된다. 그렇다면 창녀와의 관계에서는 그것이 왜 부당하냐 하는 것이다. 만약 상대가 창녀이기 때문에 부당하다고 누가 설명한다면, 그러면 창녀가 아닌 여인과의 관계는 부당하지 않은가라는 질문에 대하여 답이 궁해지며, 만약 그것도 부당한 것이라면 왜 그것이 부당한 것인가를 설명할 수 있어야 한다.

우선 사도가 한 몸 개념을 창세기에서 배웠고, 그것이 남편과 아내 사이에서, 그리고 그리스도와 교회 사이에서 성립되는 것으로 생각했다면, 여기서 사도가 창녀와의 성 관계를 통하여 사람이 창녀와 한 몸이 될 수 있다고 말한 것은 다소 이상하게 들린다. 게다가 사도의 말처럼 사람이 성 관계를 통하여 창녀와 한 몸이 되고 다시 창녀의 지체가 될 수 있다면, 창녀 편에서는 그리스도인과의 성 관계를 통하여 그리스도인의 지체가 될 수 있지 않느냐는 질문이 예상된다. 그러므로 이 구절에 대한 해석은 주의를 요하는 점이 있다. 이 문제의 해결을 위해서는 다시 사도가 창세기를 인용하면서 무엇을 강조하였는지를 살펴 보아야 한다.

사도가 그리스도와 한 몸을 이루는 것 이외에 신자는 다른 어느 누구와도 한 몸 관계를 이룰 수 없다고 가르치지는 않는다는 점을 주목하여야 한다. 에베소서에서 가르치는 것처럼 사람은 자신의 배우자와 한 몸을 이루는 것이다. 그리고 배우자와의 한 몸 관계는 그리스도와 교회의 한 몸 관계를 지상적인 형태로 드러내

보여주는 것으로서, 이런 상징성을 통하여 혼인은 신성한 차원으로 비상함을 이미 보았다. 그런데 사도는 혼인 관계에서의 성행위에서 다시 그런 상징성을 발견하는 것 같다. 이 부분에서 에베소서에서 분명히 드러나지 않은 사도의 한 가지 생각을 발견하는데, 그것은 하나님께서 부부 사이에 가지도록 허락한 성행위가 단순히 자손을 낳기 위한 목적이나, 성욕의 해소를 통한 범죄 방지의 목적만을 가지는 것이 아니라는 점이다. 혼인의 경우와 마찬가지로 성행위도 거룩하고 천상적인 어떤 것을 지상적인 형태로 표현한다는 점에서 한 몸 관계를 가장 물질적인 형태로 상징하는 것으로 사도는 생각한 것 같다.

성행위를 통하여 표현되는 바 자신의 모든 것을 상대에게 완전히 개방하고 자신에 대한 권한을 상대에게 완전히 위임하는 그 행위에서(고전 7:4 참조), 그리고 그 행위에서 나누어지는 두 사람 사이의 가장 긴밀한 관계는 그리스도와 교회의 관계를 지상적이고 감각적인 관계로 가장 잘 드러내 보여주는 것으로 사도는 생각한 것 같다. 생각건대 아가서가 정경에 포함될 수 있었던 것은 성행위가 가지는 이런 상징성 때문인 것 같다.

그러므로 16-17절에서 사도는 '창녀와 합하는 것'과 '그리스도와 한 몸'이 되는 것을 '둘이 한 육체가 된다'는 말을 축으로 삼아서 연결시키는 것이다. 이 인용구에서 사도가 최초의 부부인 아담과 하와를 마음속에 그리고 있음을 알 수 있다. 그런데 부부가 합하는 것과, 그리스도와 한 몸을 이루는 것은 '둘이 한 육체가 된다'는 말을 통하여 거룩한 것으로 비상하는 반면에 창녀와 합하는 것이 가증스러운 죄악이 되는 것은 무슨 이유인가? 앞에서도 지적하였듯이 이 죄악이 창녀와의 관계에서는 적용되고 창녀가 아닌 다른 사람과의 관계에서는 적용되지 않는 것인가? 이 문제에 대하여서도 사도의 생각이 명시적으로 표시되지 않는 것을 발견한다. 그러나 사도는 하나님께서 한 남자를 위하여 한 여인을 지으셨다는 사실에서 이 문제의 실마리를 풀었으리라고 짐작할 수 있다.

만약 하나님께서 주권적으로 결정하시기를 한 남자의 몸에서 몇 명의 여자를 만들고 그들을 혼인으로 맺어 주시고 나서 한 몸을 이루라고 말씀하셨다면 일부다처가 하나님의 신성한 뜻으로 드러났을 것이다. 그러나 하나님께서는 그렇게 하지 않으셨다. 즉 오직 한 남자에 오직 한 여인이라는 것이 하나님의 명백한 뜻으로 계시된 것이다. 그리고 성행위를 통하여 표현되는 가장 긴밀하고, 자신을 완전히 상대에게 귀속시키는 그 일은 오로지 한 대상에게만 허용되며, 따라서 거기에는 순결과 정조가 요구되는 것이다. 바로 이런 성적인 순결과 정조는 다시 교회가 그리스도에게 바치는 신앙의 순결과 정조를 그대로 상징하게 된다.

부부는 오로지 한 남자와 한 여자의 만남이라는 방식을 정하심으로써 하나님께서는 그리스도에 대한 오로지 하는 순결한 신앙을 가르치고자 하셨다는 것이 사도의 생각인 것 같다. 창녀와 합하는 것은 바로 이 하나님의 법칙을 무시하고, 가장 거룩하고 순결하게 사용되어서 그리스도와의 한 몸 관계를 감각적인 방식으로 표현할 성행위를 자신의 육체의 욕심을 따라서 부패시키는 죄악의 한 가지이다. 그러므로 16절을 다음과 같이 풀어서 말할 수 있을 것이다. '창녀와 합한다는 것은 저와 한 몸을 이룬다는 상징임을 알지 못하느냐 그런데 그리스도의 지체가 된 사람이 어찌 자기 아내 이외의 창녀와 한 몸을 이룰 수 있겠느냐 그러므로 그것은 부당한 것이다.' 고린도 교회에서는 이른바 종교적 창녀들의 문제가 심각했기 때문에, 사도는 창녀의 문제를 거론하여 이렇게 말했지만, 오늘날 문란한 성 관계가 점점 그렇게 심각하지 않은 문제로 변해가는 세태에 대하여 사도가 다시 편지를 썼다면, 부부 이외의 어떤 성 관계도 매우 심각한 죄악임을 지적하였을 것이다. 만약 사도가 18절에서 '음행'이라고 말할 때에 창녀와의 관계를 포함한 모든 혼외 정사를 의미했다면 우리는 이미 이 구절에서 오늘날을 위한 사도의 경고를 듣는 것이다.

6
자녀와의 관계

 지금까지 가정의 구성원인 남편과 아내의 관계에 대하여 살펴보았다. 성경의 가르침에 의하면 가정은 남편과 아내의 혼인 결합을 통하여 성립되며, 자녀의 유무는 가정의 성립에 필수적인 조건이 아니다. 즉 자녀가 없다고 하더라도 남편과 아내 두 사람으로 가정은 성립되는 것이다. 그러나 일반적으로 말해서 자녀가 없는 가정은 예외이며, 하나님께서는 사람을 남자와 여자로 지으심으로써 그들을 통하여 사람을 세상에 퍼뜨리시고자 하셨으므로 하나의 가정이 성립되면 거기에는 자연히 자녀가 생길 것을 예상하는 것이며, 따라서 자녀는 가정의 필수적인 요소는 아닐지라도 가정을 논할 때에 자녀의 문제를 논하지 않을 수 없다.
 자녀를 고려에 넣을 때에, 정상적인 가정 속에서 몇 가지 복합적인 인간 관계가 형성됨을 살필 수 있다. 첫째는 지금까지 살펴본 것과 같이 남편과 아내의 관계이다. 이 관계에서는 사랑과 복종이 그 관계의 성격을 규정한다. 다음은 부모와 자녀의 관계이다. 부모와 자녀의 관계는 다시 아버지와 자녀의 관계, 그리고 어머니와 자녀의 관계로 분석된다. 이 관계의 중요한 성격을 사도는 '공경과 노엽게 하지 않음'이라고 규정하였다. 다음으로는 자녀가 다수일 경우에 성립되는 형제간의 관계가 있다.

그러니까 통상적인 가정에서 발견할 수 있는 인간 관계들은 부부 관계, 부자 관계, 그리고 형제 관계라고 할 수 있다. 가정은 이런 복합적인 인간 관계를 통하여 그 존재의 성격을 드러내는 것이다. 그러므로 이런 모든 관계들이 하나님의 말씀에 의하여 규제될 때에만 가정이 참된 모습을 드러내리라는 것은 불문가지(不問可知)의 사실이다. 앞에서는 주로 남편과 아내의 관계에 대한 하나님의 법칙을 살폈지만, 지금부터는 주로 부모와 자녀의 관계에 주의를 집중시키기로 한다.

자녀의 출산에 대하여

> "27 하나님이 자기 형상 곧 하나님의 형상대로 사람을 창조하시되 남자와 여자를 창조하시고 28 하나님이 그들에게 복을 주시며 하나님이 그들에게 이르시되 생육하고 번성하여 땅에 충만하라"(창 1:27-28상)

이 구절에 비추어 보면 하나님께서 사람을 남자와 여자로 지으실 때에 이미 그들이 자녀를 출산하여 사람을 땅 위에 펼치도록 의도하셨음을 알 수 있다. 그러므로 혼인을 하여 자녀를 낳는다는 것은 창조의 구조 속에서 하나님께서 정하신 법칙이다. 그러나 인류의 타락과 새로운 하나님의 백성의 출현이라는 현실 속에서 자녀는 단순히 사람을 땅 위에 번식시키는 것 이상의 심오한 의미를 가지게 되었다. 특별히 이것과 관련된 혼인의 목적을 웨스트민스터 신앙고백은 다음과 같은 말로 잘 표현하였다. '혼인은 … 거룩한 씨로 교회를 증가시키기 위하여 … 제정되었다'(26장 '혼인과 이혼에 관하여'의 2항). 즉 그리스도인에게 자녀 출산은 거룩한 씨, 곧 하나님의 백성을 지상에 보내기 위하여 하나님께서 사용하시는 중요한 수단이 되는 것이다.

사실 하나님의 사람을 양육하고 훈련시키는 데 가정만큼 유효한 기관은 없다. 가정을 통하여 사람은 사상과 지식의 훈련뿐만 아니라, 인생관과 세계관, 삶의 방식 등 인생의 모든 것을 훈련 받을 수 있는 까닭이다. 그러므로 신앙적인 부모가 있는 가정은 다른 어느 곳 보다도 자녀를 신앙적으로 잘 교육시킬 수 있는 곳이다. 이것은 하나님께서 가정에 부여한 독특한 구조와 자녀에 대하여 부모가 행사하도록 하신 특별한 권위로 말미암는다. 그러나 거기에 대하여 하나님은 또한 의무와 책임을 요구하신다는 사실을 잊지 말아야 할 것이다.

성경의 이런 가르침에 비춰볼 때, 자녀를 가지는 것이 자신들의 사회적 활동의 가능성, 혹은 활동의 자유를 제약한다는 이유로 자녀를 두지 않는 결혼 생활의 가능성을 생각하는 요즘의 어떤 사람들의 풍조에 대하여 그리스도인은 어떻게 생각해야 할지가 분명해진다. 그것은 자신의 사회적 성취의 욕구를 위하여 하나님께서 사람을 남자와 여자로 존재케 하신 창조의 법칙을 거스르는 것이다.

> "6 손자는 노인의 면류관이요" (잠 17:6)
> "3 보라 자식들은 여호와의 기업이요 태의 열매는 그의 상급이로다" (시 127:3)
> "3 네 집 안방에 있는 네 아내는 결실한 포도나무 같으며 네 식탁에 둘러 앉은 자식들은 어린 감람나무 같으리로다" (시 128:3)

이와 같은 성경의 정서는, 오늘날 자신의 생의 성취 혹은 만족을 위하여 자녀 두기를 회피하는 사람들의 생각과 얼마나 다른가?

자녀에 대한 그리스도인 부모의 권리와 의무

'자녀를 노엽게 하지 말라'는 간단한 말을 통하여 사도는 자녀에 대한 부모의 권리와 관련된 자신의 생각을 압축하여 표현하였다. 그러므로 이 말은 깊이 음미할 만한 내용이다. 이것과 관련하여 일반적으로 부모가 잘 빠지는 폐단 중의 하나는 자녀를 자신의 소유로 생각하는 것이다. 자녀가 자신의 몸을 통하여 세상에 태어났다는 사실, 그리고 그 아이의 존재와 생명이 자신을 의지하고 있다는 사실로부터 부모는 부지불식간에 자녀에 대하여 마땅히 행사하여야 할 이상의 권위를 행사하려는 유혹에 빠질 수 있으며, 그런 착각으로부터 기인되는 모든 행동은 궁극적으로 자녀를 노엽게 만드는 결과를 가져올 것이다. 다시 말하면 자녀를 노엽게 하는 부모의 행동이란, 자녀가 한 인간으로서 하나님 앞에서 가지는 권리와 존엄성을 인정하여 그를 존중하고 함부로 대하지 말아야 함을 망각하는 모든 행동이라고 볼 수 있다.

혼인한 부부는 하나님께서 사람을 세상에 보내시는 일의 정상적인 통로로 사용되는 것이다. 부부 사이의 깊은 사랑과 그 사랑의 표시로서의 성 관계를 통하여 여인은 임신을 하게 되고, 그런 깊은 사랑 속에서 하나님은 한 생명을 세상에 보내시는 것이다. 부부는 마땅히 그것을 크고 두려운 일로 여겨서 자신의 몸을 통하여 태어난 한 새로운 생명을 하나님의 피조물이요 하나님의 보냄을 받은 자로 간주하며, 그를 향한 하나님의 계획이 무엇인지를 잘 살펴서 그 길로 자녀를 양육하여야 할 것이다.

한 인간의 삶의 역정을 살펴보면 이 사실을 더 잘 알 수 있다. 모든 사람은 처음에 부모의 몸을 통하여 세상에 태어나서 일정 기간 동안은 부모에게 전적으로 의지하여 성장하게 된다. 그러나 그가 마침내 성년이 되면 그도 역시 한 독립된 인간으로서 가정을 세우고 살게 되며, 그 때에는 이미 그의 부모와 더불어 인류 역사의 한 부분을 담당하는 위치에서 부모와 함께 한 동료 인간이 되는 것이다. 거기에는 부모가 자식을 낳았다는 사실과 함께 그가 독립된 한 인간이라는 사실이 중요하게 된다.

그리하여 역사를 살펴보면 자식이 부모보다도 위대하게 되는 경우가 비일비재하며, 그런 경우에 부모는 그 자신으로 기억되는 것이 아니라, 누구의 부모로서 기억되기도 하는 것이다. 그러므로 부모가 자녀를 볼 때에 영원히 자기 슬하에서 재롱을 피울 것으로 생각하는 것은 단견(短見)이 아닐 수 없다. 도리어 부모는 자녀를, 일정 기간 자기 슬하에서 훈련을 받다가 마침내 성장하여 독립된 한 인간으로 서서 나아갈 하나님의 백성으로 보아야 하며, 그런 방향과 원칙을 가지고 자녀를 대하고 양육하여야 할 것이다.

지금까지 살펴본 것처럼 노엽게 하지 말라는 것은 부모가 자칫 범하기 쉬운 자녀에 대한 월권 행위를 경계한 것이다. 그런데 요즘 우리 사회에는 더욱 심각한 월권 행위가 많이 자행되고 있는 것 같다. 그 월권 행위의 심리적 측면을 살펴보면 자녀의 생명을 자기의 소유로 착각하는 지극히 오만한 생각이고, 그것이 현실적으로 표현되는 방식은 자녀의 인생의 길을 부모가 결정하려는 시도이다. 부모가 자녀의 미래를 결정한다는 것은 생각하기에도 두려운 일이 아닐 수 없다. 한 사람의 장래는 오직 하나님의 손 안에 있는 것이다. 사실 부모는 자신의 미래에 대해서도 스스로 결정할 수 없는 존재가 아닌가? 그도 하나님의 인도를 받아서 자신의 인생을 한 걸음씩 걸어 나아가야 할 존재인데, 하물며 다른 사람의 장래를 결정할 수 있다는 생각은 대단히 어이없는 착각이 아닐 수 없다. 그러므로 그리스도인은 농담으로라도 '이 아이를 교육시켜서 무엇을 만들어야지'라고 말하지 말아야 할 것이다.

물론 일반적으로 말해서 자녀가 어떤 특정한 환경에서 출생한다면 그는 그 환경의 영향하에서 그런 방향을 취하고 나아갈 수 있는 가능성이 많아지는 것은 사실이다. 그래서 음악가의 집안에서는 음악가가 잘 나오고, 학자의 집안에서는 학자가, 혹은 정치가의 집안에서는 정치가가 잘 나오기도 한다. 그러나 그것은 하나님께서 하시는 것이지 사람이 결정할 문제는 아니다. 다시 말하면 부모는 자녀의 미래에 대하여 전혀 아무런 그림도 그리지 말아야 한다는 것이다. 부모는 단지 겸손한 심정으로 하나님께서 그 자녀를 어디로 인도하시는지를 잘 관찰하고, 자녀가 그 방향으로 하나님의 인도를 받아 나아가는 데 필요한 것들을 공급하고, 그 방향으로 더욱 장성할 수 있도록 도와주는 역할을 하여야 할 것이다.

이 일을 위하여 부모는 늘 기도를 하여야 하고, 하나님께서 아이에게 선천적으로 주신 재능이나 성격적 특성을 살피며, 아이의 기호가 어디에 있는지를 세밀히 살피는 지혜가 있어야 한다. 신앙심이 있는 어떤 부모들은 자녀를 목사로 만들겠다고 하나님 앞에 서약을 하는 경우가 있는데, 참으로 어이없는 일이 아닐 수 없다. 하나님께서 그를 목사로 쓰기 원하시는지, 혹은 정치가로 쓰기 원하시는지를 어떻게 알 수 있단 말인가? 게다가 어떤 부모는 자녀의 행복의 조건까지도 자신이 결정하려고 한다.

재물이 자신에게 행복을 가져다 준다고 생각하는 많은 부모들은 자기 자녀도 재물에서 행복을 얻을 것으로 생각하고, 재물이 있는 곳으로 자녀를 인도하려고 한다. 그래서 전공을 정할 때에도 돈을 많이 벌 수 있는 전공을 권하며, 혼인의 조건에서도 경제력을 아주 중요하게 여기기도 한다. 그러나 실제로 많은 자녀들은 다른 어떤 가치를 경제력보다도 훨씬 높게 여기고 그것을 추구하여 나아가기도 하는 것이다. 자녀의 그런 행복의 조건을 부모가 강요할 수 있다는 생각이 얼마나 많은 사람의 인생을 낭비하게도 하고 불행하게도 하는가? 게다가 그 일이 얼마나 비신앙적인가를 생각하면, 믿는 부모라면 그런 외람된 생각을 하지 말아야 할 것이다.

그러나 성경은 또한 다른 어떤 면에서는 부모에게 상당한 권위를 부여한다. 우선 하나님께서는 자녀에게 부모를 공경하라고 명령하심으로써 자녀에 대한 부모의 권위를 가정의 질서로 확립하셨다. 이 점과 관련하여 요즘의 어떤 가정은 얼마나 또 반대편 극단으로 나아가고 있는가? 요즘 많은 사람들은 이상적인 부자 관계를 친밀한 친구의 관계로 그리고 있다. 물론 부자 관계가 발전되다 보면 거기에 깊은 동료 의식이 생길 수도 있다. 그러나 자녀가 부모의 슬하에 있는 동안 부자 관계의 이상적인 모습을 친구 관계로 그리는 것은 적어도 성경의 가르침에서는 벗어나 있다. 그것은 사랑과 권위의 관계이지 결코 우정과 같은 것은 아니다.

부모가 이런 권위를 갖는다는 것은 하나님께서 부모에게 자녀에 대한 일종의 형벌권을 인정하신 사실에서 알 수 있다. 물론 성경은 부모에게 자녀의 생명에 대한 권리를 인정하지는 않는다. 아브라함은 이삭에 대하여 이 문제를 착각하였지만, 하나님은 아브라함의 그런 생각을 고쳐 주셨다. 그럴지라도 성경은 적어도 부모에게 자녀에 대한 태형권을 인정하고 있는 것으로 보인다.

"15 아이의 마음에는 미련한 것이 얽혔으나 징계하는 채찍이 이를 멀리 쫓아내리라" (잠 22:15)

"13 아이를 훈계하지 아니하려고 하지 말라 채찍으로 그를 때릴지라도 그가 죽지 아니하리라 14 네가 그를 채찍으로 때리면 그의 영혼을 스올에서 구원하리라" (잠 23:13-14)
"24 매를 아끼는 자는 그의 자식을 미워함이라 자식을 사랑하는 자는 근실히 징계하느니라" (잠 13:24)

이와 같은 성경 구절들은 부모에게 태형을 인정하기만 하는 것이 아니라 잘못에 대한 엄격한 훈계와 태형을 권면하는 것으로 보인다.

그런데 가만히 생각하면 이것은 부모에게 맡겨진 대단한 권위가 아닐 수 없다. 인간 사회에서 객관적인 법 체계의 테두리 이외에 사적으로 다른 사람에게 신체적 고통을 가하는 일이 허락된 것은 자식에 대한 부모의 징계 밖에는 없을 것이다. 이렇게도 중요한 권위가 부모에게 주어졌으므로 부모는 또한 그 권위의 행사에 있어서 조심스러워야 할 것이다. "18 네가 네 아들에게 희망이 있은즉 그를 징계하되 죽일 마음은 두지 말지니라"(잠 19:18). 이 구절은 자녀를 징계함에 있어서 부모가 자녀를 죽일 마음을 두지 말라고 가르친다. 세상에 자녀를 죽일 마음을 가지는 부모가 어디 있겠느냐고 생각하겠지만, 실제로 부모는 자칫 자신의 성질이나 분노를 못 이겨서 그것을 자녀에게 푸는 경우가 얼마든지 있을 수 있는 것이다. 만약 그렇다면 그런 심정이란 살인하는 사람의 심정과 무엇이 다르겠는가? 그리고 그런 심정의 징계란 연약한 자녀에 대한 화풀이에 불과하며 아무 징계의 효과도 없이 단지 자녀를 노엽게 만드는 결과만을 가져올 것이다.

이상의 사실에서 볼 때 두 가지를 주목할 수 있다. 자녀에 대하여 부모가 침해할 수 없는 영역과 부모가 거의 절대적인 권위를 행사할 수 있는 영역이 있다는 것이다. 부모가 침해할 수 없는 영역은 자녀의 인격적 존엄성과 그의 장래에 대한 문제이다. 그의 인격적 존엄성은 그의 생명의 주인이 하나님이라는 사실에 근거하며, 그의 장래 문제에 있어서는 그것이 하나님의 대권에 속한 것이라는 사실에 근거한다. 이 두 가지 문제에서 부모는 월권을 하지 않도록 주의하여야 한다. 그러나 부모가 거의 절대적인 권위를 행사하는 영역이 있는데, 그것은 종교와 윤리의 문제이다. 하나님께서 형벌권까지 부여하면서 부모에게 권위를 주신 것을 보면 거기에 또한 비상한 의무가 부과됨을 알 수 있다. 신앙과 윤리의 영역에서 부모의 의무를 요약하면, 자녀에게 하나님을 가르쳐 주는 것이라고 할 수 있다.

> "4 이스라엘아 들으라 우리 하나님 여호와는 오직 유일한 여호와이시니 5 너는 마음을 다하고 뜻을 다하고 힘을 다하여 네 하나님 여호와를 사랑하라 6 오늘 내가 네게 명하는 이 말씀을 너는 마음에 새기고 7 네 자녀에게 부지런히 가르치며"(신 6:4-7상)
> "18 이러므로 너희는 나의 이 말을 너희의 마음과 뜻에 두고 또 그것을 너희의 손목에 매어 기호를 삼고 너희 미간에 붙여 표를 삼으며 19 또 그것을 너희의 자녀에게 가르치며 집에 앉아 있을 때에든지, 길을 갈 때에든지, 누워 있을 때에든지, 일어날 때에든지 이 말씀을 강론하고 20 또 네 집 문설주와 바깥 문에 기

록하라"(신 11:18-20)
"5 여호와께서 증거를 야곱에게 세우시며 법도를 이스라엘에게 정하시고 우리 조상들에게 명령하사 그들의 자손에게 알리라 하셨으니 6 이는 그들로 후대 곧 태어날 자손에게 이를 알게 하고 그들은 일어나 그들의 자손에게 일러서 7 그들로 그들의 소망을 하나님께 두며 하나님께서 행하신 일을 잊지 아니하고 오직 그의 계명을 지켜서"(시 78:5-7)

이런 성경 구절들은 부모가 자신의 하나님을 자손에게 가르쳐 주고, 자신의 신앙을 자식에게 전수하여 그들도 역시 그 하나님을 알고 사랑하며 순종하고, 그 계명을 지켜 나가는 것이 하나님의 거룩한 뜻이고 경륜임을 보여준다. 위에서도 지적하였듯이 가정만큼 하나님의 백성을 양육하기에 유효한 기관이 없다는 사실을 놓고 보더라도 그것은 자연스러운 일임을 알 수 있다. 이런 까닭에 아브라함은 하나님을 모르는 이방인들 사이에서 이삭의 아내를 구하지 않고 멀리 밧단아람으로 자신의 종을 보내서 여호와를 아는 브두엘의 집안에서 이삭의 아내를 구하게 하였으며, 사도 바울도 불신자와의 혼인을 엄격하게 금한 것이다.

혼인과 자녀 교육이 하나님의 경륜에서 그렇게도 심중한 의미가 있는 것이라면, 신자의 혼인에서 무엇이 가장 결정적인 요인이 되어야 할지는 분명하다. 성경이 가정에 부여하는 중요성과, 그런 가정을 세우기 위한 준비가 어떠해야 함을 살펴볼 때, 하나님을 참으로 믿는 사람이 배우자를 구할 때에 불신자를 배우자로 맞이한다는 것은 상상하기 어려운 일이다. 더욱이 요즘처럼 예수를 믿는다는 것이 여러 가지로 이해되는 시대에는, 바른 신앙을 가진 배우자를 얻기 위하여 기도하고 그런 사람을 구하는 태도가 중요할 것이다. 어떤 사람들은 '지금은 믿지 않지만 앞으로 전도해서 믿게 하면 되지 않겠느냐'고 말하지만, 신앙이 어디 그렇게 사람이 마음대로 할 수 있는 것인가?

또한 자녀를 주의 교양과 훈계로 양육하는 일이 사도에게 얼마나 중요하게 간주되었느냐 하는 것은, 그가 감독이나 집사의 자격을 논할 때에 그 가정의 자녀의 모습을 중요한 판단 기준으로 제시한 사실에서도 드러난다.

> "1 미쁘다 이 말이여, 곧 사람이 감독의 직분을 얻으려 함은 선한 일을 사모하는 것이라 함이로다 … 4 자기 집을 잘 다스려 자녀들로 모든 공손함으로 복종하게 하는 자라야 할지며 5 (사람이 자기 집을 다스릴 줄 알지 못하면 어찌 하나님의 교회를 돌보리요)" (딤전 3:1,4-5)
>
> "12 집사들은 한 아내의 남편이 되어 자녀와 자기 집을 잘 다스리는 자일지니" (딤전 3:12)

즉 자기 집을 잘 돌아보고 자녀들로 하여금 하나님의 법도를 따라서 부모에게 순종하게 하는 사람이 또한 하나님의 시키시는 일을 맡아서 수행할 수 있는 준비가 된 사람인 것이다.

성경의 가르침처럼 자녀는 하나님의 상급이요 그 태의 열매요 축복이다. 자녀가 있음으로 해서 가정이 얼마나 풍요로워지고 부부 관계가 또한 얼마나 신선한 관계로 들어가는지는 혼인을 하여 자녀를 가진 부부라면 누구나 경험하였을 것이다. 그래서 처음 자녀가 태어나면 그 아이는 집안의 모든 사랑을 독차지하고 거의 집안의 관심의 중심이 되기도 한다. 그렇게 아기는 가정의 사랑과 관심 속에서 성장하는 것이다. 그리고 자식에 대한 그런 사랑을 하나님께서는 부모의 마음속에 심어 넣어 주시는 것이다. 그래서 부모는 참으로 새로운 자기 헌신적 사랑의 심정을 자녀에 대하여 가지는 것이다.

그럴지라도 자녀에 대한 사랑과 부부간의 사랑은 같은 성격의 사랑이 아니다. 자녀가 아무리 사랑스러울지라도 그가 자기와 한 몸은 아니다. 그는 언제고 독립하여 자기의 가정을 세우고 한 독립된 인간으로 하나님 앞에 서게 될 것이다. 자녀가 그렇게 성숙한 모습으로 부모 앞에 서는 것은 부모에게 말할 수 없는 기쁨의 원천이 될 것이다. 그러나 부부는 결코 서로에게 독립된 인간으로 서는 일이 없다. 부부는 한 몸이고 평생을 같은 슬픔과 같은 기쁨과 같은 아픔을 나누며 사는 것이다. 하나님이 합해 주신 것을 사람이 나눌 수 없다는 기독교의 성혼 선언은 참으로 깊은 의미가 있는 말이다. 그렇기 때문에 자녀라 할지라도 부부 관계에 개입할 수는 없는 것이다. 어떤 부부는 자식 때문에 함께 산다고 한다. 물론 그렇게라도 혼인 관계를 유지하는 것은 자식의 생애보다는 자신의 생애를 위하여 이혼이라도 불사한다는 생각보다는 책임 있는 태도라고 할 수는 있다. 그러나 그것은 정당한 관계는 아니다.

형제간의 관계

가정 내에 존재하는 또 하나의 중요한 인간 관계는 형제 관계이다. 물론 자녀가 하나인 가정에서야 이런 문제가 없을 것이다. 그러나 대개의 가정은 둘 이상의 자녀를 두게 되며, 그렇게 될 때에는 형제간의 관계가 중요한 가정사가 되는 것이다. 이 관계가 얼마나 쉽게 왜곡될 수 있으며, 뒤틀어진 형제 관계가 얼마나 추하고 슬픈 결과를 낼 수 있는지를 당장 성경에서도 많이 볼 수 있으며, 인간 사회에서도 많이 경험할 수 있다. 혹은 부모의 편애 때문에, 혹은 재산에 대한 욕심 때문에 많은 형제들이 남보다도 더욱 불편한 관계에 들어가기도 한다.

그러나 일반적으로 말해서 형제 관계는 부부 관계와 부자 관계에 의하여 좌우된다고 볼 수 있다. 그러므로 사도 바울도 부부 관계와 부자 관계에 대해서는 특별히 언급하면서도 형제 관계에 대해서는 침묵한 것으로 보인다. 그리스도와 교회를 방불케 하는 부부 관계, 자녀는 부모를 공경하고 부모는 자녀를 노엽게 하지 않는 부자 관계가 형성된 가정에서 서로 미워하고 시기하는 형제 관계가 형성되리라고는 생각하기 어려울 것이다.

하나님 앞에 서는 가정

자녀가 아직 부모의 슬하에서 자라고 있는 동안, 부부와 그 자녀들은 최소한의 독립된 사회 단위로 하나님 앞에 서게 된다. 그 가정은 가장의 지혜로운 결정과 능력에 의하여 삶의 모습이 형성되는 운명 공동체로서 존재하게 된다. 그러므로 구약에서 하나님은 개인의 죄악을 개인에게만 묻지 않고 그 가정에게 물으셨다. 가정은 언제나 하나님 앞에서 하나의 운명 공동체로 처리되는 것이다. 가정의 일원이 고통을 당할 때에 그 가정의 다른 구성원이 그 고통이 자기에게 임하지 않은 것에 대하여 안도하는 가정은 없을 것이다. 가정의 어떤 한 사람의 고통은 그 가정 전체의 고통이다. 이런 의미에서 가정은 교회와 흡사하며, 교회도 또한 권속이라고도 불리는 것이다. 가정의 그와 같은 일체감은 혈연에 의하여 형성되지만 교회의 일체감은 그리스도의 피에 의하여 형성된다. 그 두 일체감이 차원은 달리 하지만 거기에 상당한 유비(類比)가 있는 것이 또한 사실이다.

이렇게 가정이 하나님 앞에서 운명 공동체라는 사실은 그 가정이 하나님 앞에 섰을 때에 가장 분명히 인식되는 것으로 보인다. 그리고 가정이 하나의 운명 공동체로서 하나님 앞에 선다는 인식이 가장 강렬해지는 것은 역시 온 가정이 한 마음으로 예배에 참석하는 시간이다. 이런 점에서 개혁 교회는 훌륭한 전통을 가지고 있었다. 그것은 물론 구약의 전통을 따른 것이기도 하지만, 개혁 교회에서는 항상 온 가족이 함께 하나님 앞에 예배하는 전통을 가지고 있었다. 말을 알아들을 수 있는 아이에게는 예배의 정신을 집에서부터 잘 가르치고, 말을 알아들을 수 없는 유아에게는 예배 시간에 방해가 되지 않도록 가급적 잘 준비하여 부부와 자녀들이 함께 하나님 앞에 서서 예배를 드리는 모습은 참으로 아름다운 모습이 아닐 수 없다.

  거기서 각 가정은 두 가지 중요한 사실을 배운다. 첫째로 자기들은 하나의 가정으로 하나님 앞에 선다는 것이고, 둘째로 자기들은 그렇게 하나님 앞에 서는 다른 가정들과 함께 더 큰 가정 곧 교회를 구성한다는 인식이다. 물론 처음에는 아이들이 그 깊은 의미를 이론적으로 알지 못할 것이다. 그럴지라도 아이들은 이론화되기 전에 그와 같은 예배를 통하여 그런 신앙의 도리를 몸으로 익히는 것이다. 또한 부모는 하나님께서 아이들에게 은혜를 주셔서 마침내 아이들이 그런 신앙의 깨달음에 도달하기를 바라는 심정으로 아이들과 함께 예배에 참석하는 것이다. 오늘날 새롭게 음미해 볼만한 전통이 아닐 수 없다. 이런 일을 통하여 자녀는 마침내 성장하여 독립된 가정을 이룬 다음에도 여전히 부모와 한 가정의 구성원이 되는 것이다. 마치 모든 믿는 자가 그렇게 하여 한 가정을 이루듯이 말이다.

2부

타락한 사회에서의 혼인

지금까지 하나님께서 세우신 혼인의 기묘한 섭리를 보았다. 짧은 관찰을 통해서도 혼인 제도 속에는 우리가 다 이해할 수 없는 신비가 있는 것을 알 수 있다. 과연 "이 비밀이 크도다"라는 탄성을 발할 만하다. 하지만 "하나님을 뵙고 먹고 마시다가"(출 24:11 하), 현실 세계로 내려오면 상황은 완전히 반전된다. 거기에는 온갖 성적 죄악, 방탕, 사랑 없는 혼인, 부부 사이의 미움, 이혼, 동성애 등 남녀 관계와 혼인에 대해 상상할 수 있는 모든 악이 판을 친다. 그것이 우리의 현실이다. 그래서 남편과 아내의 관계가 그리스도와 교회의 관계를 드러내야 한다는 진리가 더욱 신비하게 느껴지는 것이다.

이런 인간의 타락된 현실에 대해 하나님께서는 어떤 해결책을 제공하셨는지를 보는 것이 2부의 목적이다. 이상적인 모습만을 제시하고 현실에 대해 침묵하면 그 이상은 무력해지기 쉽다. 현실이 어떠하든지 우리는 그 이상을 향하여 조금씩이라도 향상해야 한다. 그러므로 혼인과 관련되어 타락한 현실에 대해서 하나님께서 주신 교훈을 살펴보는 것은 중요하다.

창세기의 기록만을 보더라도 타락의 결과 두 사람은 서로가 상대방을 지배하려는 권력 다툼의 상태로 떨어졌다. "너는 남편을 원하고 남편은 너를 다스릴 것이니라"(창 3:16하)는 말씀이 그것이다. 필연적으로 갈등과 싸움과 불화의 상태가 초래된 것이다. 그것이 아담과 하와가 스스로 자초한 형벌이었으며 그 이후 모든 부부는 이 저주와 형벌 아래에 살고 있다. 또한 타락으로 인해 발생한 인간 사회의 온갖 악은 다양한 방식으로 혼인을 위협하게 되었다. 그럴지라도 하나님은 여전히 혼인 제도를 보호하고 인간 사회를 유지하는 일을 계속하셨다. 2부에서는 타락한 인간 사회에서 혼인이 유지되기 위해서 어떤 규정들이 주어졌는지 보기로 한다.

타락한 사회를 위해서 하나님이 혼인과 관련하여 어떤 법을 내리셨는지를 보는 것은 매우 유익하다. 거기서 현실적인 지혜를 배울 수 있는 까닭이다. 남녀의 관계는 미묘하고도 다면적이다. 그것이 미묘한 만큼 발생하는 문제도 미묘하고 다면적이다. 어떤 문제들은 드러내 놓고 말하기 힘든 것도 있고 어떤 문제들은 드러내 놓고 말해도 해결책이 없다. 그것이 인간사의 현실이다.

이것은 과거 이스라엘 사회에서도 마찬가지였다. 이스라엘은 하나님께서 자신의 영광을 위해서 선택한 나라였으며, 그들이 이루는 사회를 통해서 하나님 나라의 거룩한 모습을 구현해야 했다. 그럼에도 불구하고 이스라엘 사회는 성자들이 모인 집단이 아니었다. 따라서 거기에는 죄인의 온갖 타락상과 문제점이 고스

란히 드러났다.

  그 문제의 일부는 인간 사회에 자연적으로 따라오는 비참의 결과이다. 예를 들면 남편이 후사를 낳지 않고 죽은 경우에 남편의 형제가 남편 대신 형수나 제수에게 들어가 후사를 낳도록 해주어야 한다는 법이 있다(신 25:5-10). 혹은 남자가 여자를 아내로 맞은 후에 마음이 변하여 여자를 버리는 경우처럼 사람의 타락한 심정 때문에 발생하는 문제도 있다(신 22:13-21). 이런 문제들은 히브리 사회에서 실제로 발생했으며 그것들에 대해서 하나님께서는 어떤 형태의 지침을 내려주셨다. 그런 지침들은 사람들이 도달할 수 없는 이상적인 원칙을 강제한 것이 아니라 현실적으로 실현 가능하면서도 이상적인 원칙의 정신에 근접하기 위한 시행세칙들이다. 그러므로 그것들은 오늘날 타락한 인간 사회에서 가정을 지키기 위해 필요한 지혜를 제공한다.

7
종의 혼인의 경우

1 네가 백성 앞에 세울 법규는 이러하니라 2 네가 히브리 종을 사면 그는 여섯 해 동안 섬길 것이요 일곱째 해에는 몸값을 물지 않고 나가 자유인이 될 것이며 3 만일 그가 단신으로 왔으면 단신으로 나갈 것이요 장가 들었으면 그의 아내도 그와 함께 나가려니와 4 만일 상전이 그에게 아내를 주어 그의 아내가 아들이나 딸을 낳았으면 그의 아내와 그의 자식들은 상전에게 속할 것이요 그는 단신으로 나갈 것이로되 5 만일 종이 분명히 말하기를 내가 상전과 내 처자를 사랑하니 나가서 자유인이 되지 않겠노라 하면 6 상전이 그를 데리고 재판장에게로 갈 것이요 또 그를 문이나 문설주 앞으로 데리고 가서 그것에다가 송곳으로 그의 귀를 뚫을 것이라 그는 종신토록 그 상전을 섬기리라 7 사람이 자기의 딸을 여종으로 팔았으면 그는 남종 같이 나오지 못할지며 8 만일 상전이 그를 기뻐하지 아니하여 상관하지 아니하면 그를 속량하게 할 것이나 상전이 그 여자를 속인 것이 되었으니 외국인에게는 팔지 못할 것이요 9 만일 그를 자기 아들에게 주기로 하였으면 그를 딸 같이 대우할 것이요 10 만일 상전이 다른 여자에게 장가 들지라도 그 여자의 음식과 의복과 동침하는 것은 끊지 말 것이요 11 그가 이 세 가지를 시행하지 아니하면, 여자는 속전을 내지 않고 거저 나가게 할 것이니라(출 21:1-11)

히브리 종 제도의 특성

위의 본문이 히브리 종과 관련된 규례이므로 히브리 종에 대해서 먼저 생각해 보는 것이 필요하다. 고대의 다른 지방과 마찬가지로 근동 지방에서도 종은 사회 제도의 일부가 되어 있었다. 전쟁에서 패한 나라의 백성은 종으로 잡혀가서 군인들의 수입원이 되었다. 혹은 어떤 사람이 남의 빚을 갚지 못하면 그의 종이 되어 빚을 갚을 때까지 그 집 일을 해주어야 했다. 혹은 사람이 부모에 의해서 종으로 팔려가기도 했다. 자식을 종으로 파는 부모는 자식을 부양할 능력이 없든지 파산했든지 피치 못할 이유가 있었을 것이다. 오늘날에도 자기가 낳은 자식을 스스로 키우지 못해서 버리거나 고아원에 맡기는 경우들이 있는데 그와 유사한 일은 인간 사회 어디서나 발생한다. 그런 다양한 원인들에 의해서 어떤 사람들이 다른 사람의 종이 되었다.

하나님께서 이스라엘 백성을 애굽에서 구해 내셨을 때에 그들은 애굽 사회의 제도에 익숙해 있었을 뿐만 아니라 그 제도의 일부로 존재하고 있었다. 당시 애굽 사회에는 물론 노예 제도가 사회 체계의 일부가 되어 있었다. 그런 사회에서 지금 막 해방된 이스라엘 백성을 향해서 하나님께서는 노예 제도가 비인간적인 제도이므로 철폐하라고 말씀하지 않으셨다. 그것은 현실성이 없었던 까닭이다. 노예 제도를 철폐하려면 종이 될 수 밖에 없는 처지에 떨어지는 사람들을 위한 사회적 대책이 마련되어야 하는데, 그런 대책이 없이 노예 제도를 폐지한다는 것은 합리적인 대안이

못되었던 것이다. 인류 역사에서 배울 수 있지만, 사람이 노예 신분을 벗은 후에도 안전하고 떳떳하게 살 수 있는 사회가 성립된 것이 지금부터 불과 일 이백 년 전의 일이다. 모세가 이스라엘 백성을 인도하던 시대에서 3000년도 더 지난 후에야 비로소 인간 사회에서 노예 제도가 철폐되고, 노예로 살던 사람이 노예 신분을 벗고 한 인간으로 살 수 있는 사회가 된 것이다. 하지만 그렇다고 해서 실질적인 노예가 없어진 것은 아니다. 지금도 세계에는 노예의 상태에서 사는 사람들이 무수히 많이 있다.

그래서 하나님께서는 종의 제도를 폐지하라 하신 것이 아니라 그 종의 제도를 개선하는 방법을 가르쳐 주셨다. 당시 이스라엘 백성이 받을 수 없는 법을 주신 것이 아니라 그들이 한 발 전진하여 지킬 수 있는 법을 주신 것이다. 그것은 인간의 연약과 한계를 가장 잘 아시는 하나님께서 당시의 인간 사회에 가장 적절한 해답으로 주신 제도이다. 하나님께서 노예 제도를 승인하신 것이 아니라 인간의 악함과 사회 제도의 결핍 때문에 그렇게 하신 것이다.

이 규례에서 히브리 종에 대한 중요한 사실을 추론할 수 있다. 고대 사회에서 종은 주인의 소유로 간주되었으나 히브리 종은 그 성격이 근본적으로 달랐다. 우선 종에 대한 주인의 소유권은 제한적이다. 비록 지금은 종이지만 7년 후에는 종의 신분에서 벗어나 상전과 동등한 자유민이 될 것인 까닭이다. 이런 사실은 종에 대한 주인의 태도에 상당한 영향을 미쳐서 그를 좀 더 인격적으로 대할 수 밖에 없었을 것이다. 또한 종의 생활에도 훨씬 큰 힘이 되었을 것이다. 그렇다면 히브리 종은 명목상 주인의 소유였으나 실제로는 주인을 위해서 일정 기간 봉사하는 일군과 같은 위치였음을 알 수 있다. 하나님께서는 노예 제도를 존속시키되 실제로는 종을 고용된 일군처럼 다루라 하심으로써 실효에 있어서 노예 제도를 무력화하신 것을 알 수 있다.

이런 정신은 레위기 25:39-43에 율법 조문으로 표현되어 있다.

> "39 너와 함께 있는 네 형제가 가난하게 되어 네게 몸이 팔리거든 너는 그를 종으로 부리지 말고 40 품꾼이나 동거인과 같이 함께 있게 하여 희년까지 너를 섬기게 하라 41 그 때에는 그와 그의 자녀가 함께 네게서 떠나 그의 가족과 그의 조상의 기업으로 돌아가게 하라 42 그들은 내가 애굽 땅에서 인도하여 낸 내 종들이니 종으로 팔지 말 것이라 43 너는 그를 엄하게 부리지 말고 네 하나님을 경외하라." (레 25:39-43)

여기 39절에 "네게 몸이 팔리거든"이라는 표현은 그가 종이 되었다는 뜻이다. 또한 "너는 그를 종으로 부리지 말고"라는 표현도 역시 그를 종으로 부릴 만한 조건이 되었다는 의미이다. 당시 사회적 통념 속에서 몸이 팔린 사람은 종이 된 것이며 따라서 종으로 부리는 것이 일반적이었다. 그러므로 "그를 종으로 부리지 말라"는 권고가 필요했던 것이다. 그렇다면 히브리 종에 대한 이 원칙의 시행 세칙이 출애굽기 21:1-11임을 알 수 있다.

그러나 이 원칙이 늘 지켜진 것은 아니었다. 한 가지 예가 역대하 28:8-15에 기록되어 있다. 유다 왕 아하스가 원체 괴악한 왕이었던 고로 하나님께서 유다를 아람 왕과 이스라엘 왕의 손에 붙이셨다. 그 결과 아람 왕이 많은 유다 사람을 다메섹으로 잡아가는 일이 발생했다(대하 28.1-7). 그런데 이스라엘 자손도 "그들의 형제 중에서 그들의 아내와 자녀를 합하여 이십만 명을 사로잡고 그들의 재물을 많이 노략하여 사마리아로 가져" 갔다(8절). 이스라엘 군대가 그렇게 한 이유는 명백했다. 그들을 데려다가 종으로 부리려는 것이었다. 이 때 사마리아에 있던 오뎃이라는 선지자가 일어나 그들을 꾸짖으면서 유다 백성을 돌려 보낼 것을 촉구한다. "이제 너희가 또 유다와 예루살렘 백성들을 압제하여 노예로 삼고자 생각하는도다"(10절). 선지자의 이 말은 이스라엘 사람들이 유다 형제들을 잡아다가 종으로 부리고자 했음을 분명히 보여준다. 이는 이스라엘이 이방인의 영향을 받아서 자기들도 그대로 따르고자 했기 때문이다. 오뎃의 말을 듣고 이스라엘 지휘관 중에 몇 사람이 그 말에 공감하여 북조 이스라엘 군대를 설득하여 포로를 다시 돌려 보내게 된다. 오뎃이라는 이 선지자는 율법의 정신을 체득하여 쥐고 있었음을 알 수 있다.

그러나 이스라엘 민족의 역사가 반드시 이렇게 좋게 흘러가지만은 않았다. 도리어 역사 전체는 이런 정신에 역행했으며 그것이 심판을 자초한 중요한 요인이 되었다. 예레미야는 유다에게 하나님의 진노가 임하는 이유를 이렇게 선언했다.

> "내가 너희 선조를 애굽 땅 종의 집에서 인도하여 낼 때에 그들과 언약을 맺으며 이르기를 14 너희 형제 히브리 사람이 네게

> 팔려 왔거든 칠 년 되는 해에 그를 놓아 줄 것이니라 그가 육 년 동안 너를 섬겼은즉 그를 놓아 자유롭게 할지니라 하였으나 너희 선조가 내게 순종하지 아니하며 귀를 기울이지도 아니하였느니라" (렘 34:13하-14)

그러나 이런 잘못을 지적 받은 이스라엘 백성이 회개하겠다고 약속하고서는 해방된 종을 다시 붙들어다가 종을 삼았다.

> "15 그러나 너희는 이제 돌이켜 내 눈 앞에 바른 일을 행하여 각기 이웃에게 자유를 선포하되 내 이름으로 일컬음을 받는 집에서 내 앞에서 계약을 맺었거늘 16 너희가 돌이켜 내 이름을 더럽히고 각기 놓아 그들의 마음대로 자유롭게 하였던 노비를 끌어다가 다시 너희에게 복종시켜 너희의 노비로 삼았도다" (렘 34:15-16)

이런 일은 개인적으로는 이루어지기 힘들고 국가적으로 즉 사회적으로 행해진 악덕이었을 것이다. 이렇게 추론하는 이유는 해방된 종을 다시 데려다가 종으로 삼는 일이 개인의 힘으로는 쉽지 않은 일인 까닭이다. 그 결과 하나님의 심판이 임했다.

> "17 그러므로 여호와께서 이와 같이 말씀하시니라 너희가 나에게 순종하지 아니하고 각기 형제와 이웃에게 자유를 선포한 것을 실행하지 아니하였은즉 내가 너희를 대적하여 칼과 전염병과 기근에게 자유를 주리라" (렘 34:17상)

즉 이스라엘 백성은 형제에게 자유를 주지 않았지만 하나님은 이제 이스라엘 백성에게 자유를 선언하겠다는 것이다. 언뜻 들으면 이상한 말 같지만 실은 하나의 역설이다. 여기서 하나님이 그들에게 주실 자유는 그들을 하나님의 보호로부터 해방시키겠다는 것이다. 그 결과 어떻게 되는가? 지금까지는 그들에게 접근하지 못하던 칼과 염병과 기근이 그들에게 마음대로 접근하게 되었다. 그러므로 종에 관한 율법의 규례를 지키지 않은 이스라엘 백성의 허물은 나라를 망하게 하는 지경에 이르게 할만한 것이었다.

히브리 남종에 대한 규례

히브리인 남종에 대한 규례는 다음과 같이 정리할 수 있다. 첫째, 히브리 남자가 종으로 일할 수 있는 최장 기간은 6년이다. 여하한 이유로 종으로 팔렸더라도 그는 7년째에는 해방되어 자유인이 되어야 한다. 그러나 만약 그가 종으로 봉사하는 기간 중간에 희년이 끼어 있다면 그는 6년을 다 채우지 않고 해방되어야 한다. 희년에는 모든 종이 무조건 해방되어야 하고 모든 토지가 원래의 가문에게 돌아가야 하는 까닭이다. 둘째, 만약 히브리 남자가 종으로 올 때에 혼인한 상태였든지, 혹은 종이 된 다음에 자기 힘으로 혼인했다면 그는 해방될 때에 가족과 함께 나간다. 셋째, 만약 히브리 남종이 상전이 준 여인과 혼인하였다면 그가 나갈 때에 아내와 자녀를 데리고 나가지 못한다. 넷째 그러나 그가 주인 및 자기 가족과 헤어지기를 원치 않는다면 일정한 예식과 서약에 의해서 평생 동안 영원히 그 주인의 종이 될 수 있다. 이것이 남종에 대한 규례이다.

이제 이 종이 자유를 회복할 때에 혼인이 문제가 되는 경우를 좀 더 살펴보기로 한다. 만약 그가 종이 될 때에 혼인하지 않은 상태였다가 그 상태 그대로 자유를 얻는다면 아무 문제가 없다. 또한 그가 종이 될 때에 부부로서 왔다면 역시 부부가 함께 자유를 얻어서 나가면 된다. 문제는 그가 홀몸으로 왔다가 주인의 소유인 다른 여종과 혼인하여 부부가 되었을 때이다. 그 때에는 남종이 해방될 때에 아내와 자식은 주인의 소유로 남고 남자만 자유를 얻는다. 다시 말하면 여종과 여종이 낳은 자녀에 대한 법적 소유권은 주인에게 있다. 그럴 경우 남자에게는 두 가지 선택의 여지가 있게 된다. 하나는 자유를 위해서 아내와 가족을 남겨두고 떠나는 것이고 다른 하나는 거기 규정된 대로 귀에 구멍을 뚫고 영원히 종으로 남는 것이다.

언뜻 보아 냉정하게 보이는 이 조항은 실제 현실을 놓고 보면 합리적인 조항인 것을 알 수 있다. 3절에 "그가 단신으로 왔으면 단신으로 나갈 것이요"라는 조항은 그가 종으로 봉사하는 6년 동안 자신의 욕망을 절제하고 잘 봉사한 후에 자유를 얻을 수 있음을 보여 준다. 즉 그는 주인의 강요에 의해서 주인이 제공하는 여종과 혼인을 해야 하는 것이 아니다. 그러나 모든 남종들이 그런 절제력과 고상한 정신을 가지지는 못했을 것이다. 남종과 여종이 서로 사랑에 빠지는 일도 있을 수 있고 혹은 기타 성적인 관계를 맺을 수도 있다. 그런 일은 인간 생활의 현실에 비일비재한 것이다. 그렇다면 주인은 그 문제를 어떻게 해결해야 하는가? 만약 남종과 여종이 사랑에 빠졌다면 주인은 남종을 불러 놓고 그들이 혼인했을 때의 미래를 상기시켜 주었을 것이다. 즉 남종이 정해진 기한을 채우고 해방될 때에 사랑하는 아내와 자식을 버리고 자유를 얻든지, 아니면 영원히 자유를 포기하고 종이 되는 힘든 결정을 내려야 하는 것이다. 이런 힘든 결정에 직면하기 싫으면 종으로 있을 때에 여종과 사랑에 빠지면 안된다. 물론 여종과 성관계를 가졌다면 유일한 해결책은 혼인하는 것이다.

그러므로 "상전이 그에게 아내를 주어 그의 아내가 아들이나 딸을 낳았으면"이라는 표현은 상전이 남종에게 자기 여종을 아내로 주지 않을 수 없는 다양한 경우를 또한 상정하고 있다. 그러면 그런 경우에는 그들을 혼인시켜야 한다. 그렇게 해서 부부가 되면 그들은 자녀를 낳을 것이고, 비록 종의 신분이지만 가정을 이루고 살 것이다.

그러면 이제 남자에게 해방의 날이 다가오면 남자는 양단간에 선택을 해야 한다. 자유를 위해서 처자를 버리고 나오든지, 아니면 영원히 주인의 종으로 남는 것이다. 이것은 아마 힘든 결정이었을 것이다. 그리고 그 남종이 아내와 자식을 얼마나 사랑하는지 시금석이 될 수도 있을 것이다. 어떤 남자는 아내와 자식을 버리고 자유를 택할 것이고, 어떤 남자는 주인과 처자에 대한 사랑 때문에 귀를 뚫고 영원히 종이 되어서라도 그들과 헤어지지 않는 편을 택할 것이다. 아마 이런 일이 고대 유대 사회에서는 비일비

재했을 것이고 그런 경우의 선택은 많은 사람들의 관심의 대상이 되었을 것이다.

그러나 실제 상황에서는 훨씬 다양한 가능성들이 열려 있었을 것이다. 우선 여종이 히브리 종이라면 그녀도 역시 7년이 되는 해에 해방될 것이다. 앞으로 볼 신명기 15:12-18의 규정에 그것이 명확하게 천명되어 있다. 그러므로 그녀가 7년째 되는 해에 해방된다고 보아야 한다. 그렇다면 남자가 설사 아내와 자식을 버리고 자유를 얻는다고 하더라도 몇 년이 지난 후에는 자유민으로 재회할 가능성이 있다. 그러므로 두 사람은 한동안 떨어져 지낼 각오를 하고 남자가 먼저 자유를 얻을 수도 있다.

혹은 남자가 주인에게 타협안을 제시할 수도 있었을 것이다. 자기는 아내와 헤어지기도 싫고 영원히 종이 되기도 원치 않으니 자신이 몇 년을 더 봉사해야 처자와 함께 자유를 얻게 해줄 것인지에 대해서 주인과 타협할 수도 있었을 것이다. 만약 주인이 합당한 선에서 타협해 준다면 그 결과로 몇 년을 더 주인을 위해서 봉사할 수도 있었을 것이다. 야곱이 라헬을 연애하여 그녀를 위해서 7년을 더 라반을 위해서 일한 경우도 있었던 까닭이다. 주인의 입장에서 종은 어차피 노동력으로 환산되는 재산이었으므로 남종이 더 많은 햇수를 봉사하여 그 정도의 재산상의 이익을 가져다 준다면 남종의 처자를 내보내지 않을 이유가 없었을 것이다.

이런 다양한 가능성이 있었음에도 불구하고 이 규정이 주어진 이유를 어느 정도 추측할 수 있다. 만약 이 규정이 없다면 어떤 일이 발생할지 상상하기가 어렵지 않다. 남종이 들어와 여종과 혼인하고 자녀를 낳은 후에 남종이 해방될 때에 처자의 소유권에 대한 분란이 발생할 소지가 있었을 것임이 분명하다. 특별히 혼인을 신성시하는 전통을 가진 이스라엘 사회에서 그런 분란은 충분히 법적인 문제가 될 수 있었을 것이다. 혹은 이 조문이 거기 마련된 것이 이미 그런 경우들이 발생했었다는 증거로 해석될 수도 있을 것이다. 또한 만약 이런 조문이 없었다면 남종과 여종이 법의 맹점을 여러 가지로 악용할 여지가 있었을 것이다. 여종이 해방을 바로 앞둔 남종을 유혹할 수도 있고, 혹은 남종이 아무 걱정 없이 여종과 성관계를 맺을 수도 있었을 것이다. 따라서 우리는 이 조문의 필요성을 충분히 이해할 수 있다. 그러므로 하나님은 사람의 타락으로 인해서 발생할 수 있는 허다한 문제를 방지하기 위해서 이 법을 주셨음을 짐작하게 된다.

그럼에도 불구하고 이 규정이 눈길을 끄는 것은 남종의 아내를 사이에 두고 벌어진 줄다리기에서 상식과는 다른 것으로 보이는 판결을 내린다는 점이다. 한 쪽에는 남편과 아내가 한 몸이며 하나님이 짝지어 주신 것을 나눌 수 없다는 대원칙이 있다. 그리고 다른 한 편에는 그 여인이 주인의 소유라는 사회 현실이 있다. 이 두 현실이 서로 그 여인을 사이에 두고 잡아 끌고 있는 것이다. 그런데 이 조문은 남편과 아내가 한 몸이라는 사실을 근거로 남종의 손을 들어주는 것이 아니라 여인이 주인의 소유라는 사실을 근거로 주인의 손을 들어준다는 점이다. 그렇다면 남편과 아내가 한 몸이라는 사실은 사회적인 관계 속에서 무효화될 수도 있다는 말인가?

  만약 그렇게 생각한다면 이 조문의 의도를 오해한 것이다. 이 조문은 혼인의 정신을 부정하는 법이 아니라 도리어 혼인의 참된 정신을 제고하려는 법인 것을 알 수 있다. 위에서 지적했듯이, 이 법은 소극적인 사회적 문제를 해결하기 위해서 만들어진 법이지 적극적인 선을 이루기 위해서 마련된 법이 아니다. 히브리 사람이 다른 사람의 종으로 팔리는 불가피한 상황은 언제나 발생할 수 있었다. 파산했든지 부채를 지게 되어 그것을 갚기 위해서 종이 되었을 것이다. 그런 상황에 처한 사람이라면 당연히 그 상황을 타개하는 데에 온갖 힘을 쏟아야 할 것이다. 떳떳한 자유인으로 혼인하여 자녀를 제대로 키울 수 없는 종의 신분에 있다면 혼인을 생각하거나 할 여지가 없는 것이다. 그는 우선 종의 신분을 벗고 자유인으로 혼인하여 가정을 세우기 위해서 노력해야 할 것이다. 이 법은 기본적으로 남종에게 그런 정신을 가질 것을 상기시킨다. 만약 종의 신분으로 있으면서 어쩔 수 없이 주인이 주는 여종과 혼인해야 한다면 그는 자유를 얻을 때에 그런 힘든 결정을 내려야 하는 처지에 떨어질 것이다.

  이런 모든 제한에도 불구하고 남종이 종의 신분으로 있을 때에 혼인을 해야 한다면 그는 자신이 혼인한 사실이 주인의 소유권을 침해하지 못하는 것을 명확하게 알아야 한다. 이렇게 되어야 비로소 혼인 관계를 악용하여 부당하게 주인에게서 놓여나려는 시도 혹은 주인의 재산인 종의 소유권에 손을 대려는 잘못된 마음을 품지 않게 될 것이다. 그러므로 책임 있는 성인이라면 자신의 결정에 대한 책임을 져야 한다. 종의 신분으로 있을 때에 혼인한 처자를 해방될 때에 데리고 나가지 못한다는 이 법의 정신은 실은 그런 혼인을 권장하지 않으려는 완곡한 예방의 목적이 있음을 추론하게 한다. 즉 종의 신분으로 있을 때에는 혼인하지 않고 자유를 얻는 데에 힘을 써야 한다. 그러나 어쩔 수 없이 혼인했다면 그로 인해서 주인의 소유권에 흠이 가게 해서는 안 된다는 것이다. 그런 의미에서 이 제도는 남종으로 하여금 자유를 찾은 후에 정당한 혼인을 추구해야 함을 권장하는 것으로 보인다.

하지만 이 법은 또한 진정한 사랑의 가능성을 위한 여지를 마련함으로써 혼인의 정신을 제고한다. 처자와 주인에 대한 사랑과 자유 사이에서 남종은 사랑을 선택할 수 있는 것이다. 그는 평생 종의 신분으로 살아야 한다는 부담을 감수하고 사랑을 선택할 수 있다. 그렇게 해서 사랑을 선택했다면 거기에는 참된 사랑과 진정한 부부 관계가 있음을 알 수 있다. 만약 그 남종이 해방을 얻을 즈음에 처자에 대한 아무 미련 없이 자유를 선택한다면 그는 아내를 사랑하지 않은 것이다. 어떤 의미에서 그의 그런 결정은 종으로 있을 때에 행한 혼인이 충분히 만족스럽지 않았다는 표시일 수도 있고, 혹은 그 혼인이 육체의 욕심을 채우기 위한 것이었음을 의미할 수도 있다. 만약 그 여종이 자기의 남편인 남종을 진정으로 사랑했다면 그녀는 큰 상처를 받고 남편과 헤어져야 했을 것이다. 그러나 그런 정도의 남편이라면 차라리 헤어지는 것이 여종을 위해서 다행한 일인지도 알 수 없는 일이다. 그러므로 남종이 처자를 버리고 자유를 택하는 것은 어떤 의미에서 최악의 선택이다. 그러나 그런 선택의 여지가 남종에게는 남아 있다. 즉 그가 아내를 진정으로 사랑하여 참된 부부를 이룰 수 없는 사람이라면 지금 처자를 버리고 떠나라는 것이다.

그러나 위에서 지적한 것처럼 남종이 아내를 진정으로 사랑했을 때에 다른 타협의 여지가 없는 것이 아니었다. 하지만 인간 삶에서 그런 타협은 법제화시킬 수 없는 성격을 가진다. 그것은 각각의 사례와 경우에 따라서 해당 당사자들끼리 처리해야 할 문제이다. 그러므로 이 법조문은 남종이 주인이 제공한 여종과 혼인한 경우에 어떻게 해야 하는지에 대한 가장 중요한 뼈대를 제공함으로써 남종에게 참된 혼인을 추구하게 함과 동시에 미묘한 상황에서 발생할 수 있는 사회적 혼란을 막고 질서를 세우려는 법조문이다. 이런 상황에서 이 이상의 해결책을 생각하기가 불가능함을 느끼게 된다.

여종의 경우

7절부터는 여종의 경우가 다뤄진다. 이 규례의 핵심은 여종은 남종과 같이 나오지 못한다는 말이다. 여기 "남종 같이"라는 말은 바로 위 1-6절에 규정된 것과 같이 자유를 얻지 못한다는 말이다. 즉 6년을 봉사하고 7년째 되는 해에 해방된다는 규칙이 여종에게는 적용되지 않는다. 여종의 경우는 남종과는 다른 규칙이 적용되어야 한다는 것을 우선 명확하게 하고 있다.

8절의 "만일 상전이 그를 기뻐하지 아니하여 상관하지 아니하면"이라는 말은 본문상으로는 가능한 번역이지만, 오늘날은 대부분의 학자들이 이 번역을 따르지 않는다. 이 말을 직역하면 '자신을 위하여 그녀를 지정한 그녀의 주인의 눈에 그녀의 악이 있다면'이라는 표현이다. 이 말을 오늘날 말로 표현하면 '그녀를 자기 첩으로 택한 주인이 그녀에 대해서 만족하지 아니하면'이라는 뜻이다. 이럴 경우는 "그를 속량하게 할 것"이라고 했다. 이 말은 그녀를 첩으로 판 부모가 돈을 지불하고 그녀를 다시 데려가도록 해야 한다는 뜻이다. 그 다음에 "그 여자를 속인 것이 되었으니"라는 말은 '그녀에 대해서 신의가 없이 대했으므로'라는 뜻이다. 다시 말하면 그녀를 데려 올 때는 일정한 약속을 하고 데려왔으나 지금 그녀를 싫어하여 버리려는 행동이 신의를 저버린 행동이라는 뜻이다. 여기 약속이 누구와 맺은 약속인지는 불명확하지만 아마 그녀를 첩으로 판 아버지와의 약속을 의미하는 것으로 보인다. 그런 까닭에 이 주인은 그녀를 "외국인에게" 팔 수 없다. 여기 '외국인'이라는 표현은 원어에서는 '낯선 가족'이라는 뜻도 되므로 원래 그녀의 가족이 아닌 다른 가족을 의미할 수도 있고 타국인을 의미할 수도 있다. 전체적인 문맥을 보면 원래의 가족에게만 되 팔 수 있다는 의미로 보인다. 이것이 여종에 관한 첫째 규례이다.

9절은 둘째 경우를 다룬다. 어떤 사람이 자기 아들의 첩으로 여종을 산 경우이다. 그 표현은 위 8절과 같다. 직역하면 '만약 그가 그의 아들을 위하여 그녀를 지정한 경우'라는 표현이다. 이 경우에 주인은 자기 아들의 첩으로 들어온 그 여인을 자기 딸처럼 대해 주어야 한다. 원문상으로는 딸에게 해당하는 법적 권리를 존중해 주어야 한다는 의미도 된다. 동시에 이 표현은 아들의 첩이 된 그 여종을 아버지는 첩으로 이용할 수 없다는 것을 암시하기도 하는 것으로 보인다.

10절은 셋째 경우를 다룬다. 10절은 7절에서 이 여종을 첩으로 얻은 주인이 다른 여인을 얻는 경우이다. 한글 성경에는 "장가든다"고 번역했는데 원래 표현은 다른 여인을 얻는다는 뜻이다. 그것이 정실 부인을 얻는 것인지 또 다른 첩을 얻는 것인지는 불명확하다. 그럴 경우에 어떻게 해야 하는지를 규정한 법이다. 그렇게 했을 경우라도 그 여종에 대한 처우는 그대로 유지해야 한다. 즉 음식과 의복과 동침하는 것을 줄이지 말아야 한다. 여기 한글 성경에 "동침하는 것"이라고 번역된 표현을 영어 성경들은 대개 '혼인의 권리'라는 말로 완곡하게 표현하지만 한글 번역이 좀 더 정확하고 이해하기 쉽다. 이것이 셋째 사례이다.

그 다음 넷째 사례가 11절에 규정되어 있다. 상전이 새로 여자를 얻은 후에 만약 이 세 가지 곧 음식과 의복과 동침하는 것을 그대로 유지하지 않고 줄인다든지 하는 불이익을 주면 어떻게 되는가? "여자는 속전을 내지 않고 거저 나가게 할 것이니라". 즉 그녀는 그대로 해방되어야 한다. 8절의 경우처럼 속전을 지불하지 않아도 되는 것이다. 만약 그녀가 가족의 부채 때문에 첩으로 팔려 갔다면 그 모든 부채도 탕감되어야 한다. 이상이 규정의 내용이다.

본문을 살펴 보는 가운데서 드러났듯이 이 규정은 다른 남자에게 첩으로 팔린 여인에 대한 규정이다. 이 여종은 남자가 종으로 팔리는 것과 유사한 원인으로 종이 되었을 것이다. 앞에서 본 남종과 차이가 있다면 이 여자는 단순히 종으로 간 것이 아니라 첩으로 팔려 갔다는 것이다. 어떤 사람이 어떤 경로로 큰 빚을 졌을 때 채권자가 딸을 자기에게 첩으로 넘길 것을 요구하는 상황을 상상할 수 있다. 혹은 그 집에 딸만 있고 빚을 변제할 다른 대책이 없다면 딸을 종으로 넘겨야 했다. 그런데 이 규정은 그 딸을 단순히 종으로 넘기는 것이 아니라 채권자의 첩으로 넘긴 것이다.

이와 유사한 규정이 신명기 15:12-18에 기록되어 있다. 12절에 보면 "네 동족 히브리 남자나 히브리 여자가 네게 팔렸다 하자 만일 여섯 해 동안 너를 섬겼거든 일곱째 해에 너는 그를 놓아 자유롭게 할 것이요"라고 되어 있다. 그러므로 이 규정은 남종과 여종을 구별하지 않는다. 따라서 여기서 다루는 여종은 지금 출애굽기 21장에서 다루는 여종 곧 첩으로 팔린 여자와는 다른 경우로 보인다. 출애굽기 21:7은 "사람이 자기의 딸을 여종으로 팔았으면 그는 남종 같이 나오지 못할지며"라고 되어 있는 것으로 보아, 남종과 같이 6년을 봉사한 후에 자동적으로 자유를 얻지 못한다는 이야기이다. 그러므로 신명기의 규정은 출애굽기의 규정과는 다른 경우를 다루고 있는 것으로 보아야 한다.

이스라엘 사회의 일부다처 제도

이 문제를 다루기 전에 먼저 이스라엘 사회의 축첩 제도에 대해서 생각해 보는 것이 필요하다. 고대 이스라엘 사회는 일부다처제를 인정했고 축첩 제도를 용인했다. 다윗이 우리아의 아내 밧세바를 범한 후에 나단이 다윗을 찾아가 그의 행위를 꾸짖으면서 한 말 중에 이런 표현이 등장한다.

> "7 나단이 다윗에게 이르되 당신이 그 사람이라 이스라엘의 하나님 여호와께서 이와 같이 이르시기를 내가 너를 이스라엘 왕으로 기름 붓기 위하여 너를 사울의 손에서 구원하고 8 네 주인의 집을 네게 주고 네 주인의 아내들을 네 품에 두고 이스라엘과 유다 족속을 네게 맡겼느니라 만일 그것이 부족하였을 것 같으면 내가 네게 이것 저것을 더 주었으리라" (삼하 12:7-8)

만약 다윗이 처첩을 더 원했다면 하나님이 더 주셨으리라는 것이 거기에 암시되어 있다. 다윗이 밧세바를 취한 것이 문제가 된 이유는 일부일처의 원칙을 어긴 것이 아니라 남의 아내를 취한 것이었다.

그렇다면 하나님께서 일부다처제를 기뻐하시는가? 이 질문은 노예 제도에 대한 설명과 같은 방식으로 설명될 수 있다. 하나님의 뜻은 원래부터 일부일처였다. 그것이 창세기 기록에 명확하게 나타난다. 그럼에도 불구하고 일부다처제를 용인하신 것은 인간의 악함과 인간 사회의 연약 때문이다. 고대 이스라엘 사회는 부계 중심 사회로 여성은 남자에게 기댈 수 밖에 없었다. 또한 당시 사회는 발달된 현대 사회처럼 방범 시스템이 완비된 사회가 아니었다. 그런 사회일수록 물리력이 지배적 수단이 될 수 밖에 없다. 그렇다면 당연히 물리력이 강한 남자에 비해서 여자는 불리한 위치에 처할 수 밖에 없다. 오늘날 영화에 보면 여자가 남자와 칼 싸움을 하여 마구 이기는 장면이 나오기도 하지만 현실적으로는 어림 없는 이야기이다. 이것은 운동 경기에서도 여실히 드러난다. 때때로 성대결이라고 해서 남자와 여자가 테니스 경기를 하거나 골프에서 겨루는 일이 있고 아주 희귀하게 여자가 이기는 경우도 있지만 그것은 예외적인 일일 뿐이다. 그렇다면 공권력이 잘 정비되어 있지 않고 보안이 취약한 사회가 물리력이 강한 남자 중심 사회로 형성되는 것은 충분히 예상할 수 있는 일이다.

또한 노동력이 중요한 생산 수단이 되어서 농경과 목축이 주된 수입원일 뿐만 아니라 수시로 적의 공격에 대항해서 싸워야 하는 고대 사회에서 자연히 바깥 일은 남자의 몫이 되고 여자는 집안에서 자녀를 낳고 키우고 집안 살림을 하게 되었다. 결국 사회적인 활동은 남자의 몫이 되고 집안 일은 여성의 몫이 된 것이다(그러나 잠언 31:10 이하의 현숙한 여인에 대한 묘사는 여성의 상당한 사회적 활동을 표시하는 것으로 보인다, 하지만 이것이 이스라엘 사회의 모습을 규정하는 것은 아니다). 이것은 결국 여자가 남자를 의지할뿐더러 남자의 보호 하에서만 살 수 있는 사회였다는 의미이다. 이런 이유로 고대 이스라엘 사회에서 과부와 고아가 특별히 불쌍한 처지에 있었으며 따라서 그들을 위한 특별한 배려가 필요했다.

그러므로 고대 이스라엘 같은 사회에서 여자가 의지할 데 없는 처지에 떨어졌을 때 그 여자를 혼자서 살아보라고 하는 것은 현실적으로 불가능한 일이었다. 찾아가서 도움을 호소할 구청도 없고 억울한 일을 호소할 신문고도 없으며 피해를 당했을 때 고발할 경찰서도 없는 사회에서 여자 혼자 힘으로 살아가라는 것은 여자를 가장 위험한 처지에 버려두는 결과 밖에 안되었던 것이다. 결국 여자는 다른 남자의 우산 아래에서 비를 피해야 했다. 그렇다면 여자는 어떻게 해서 그런 보호를 받겠는가? 결국 다른 남자의 처첩으로 들어가는 것이었다. 이렇게 해서 고대 이스라엘에서 일부다처제는 근본적으로 여인을 위한 일종의 사회 안전망 구실을 했다. 율법은 이런 사회 체제 속에 사는 여성을 위해서 그것을 법제화한 것이다. 법제화가 필요한 이유는 역시 약자인 여성을 위한 조치 때문이었던 것으로 보아야 한다. 만약 처첩 제도가 법의 테두리 밖에서 진행된다면 역시 여성이 착취당할 것이 뻔한 까닭이다.

하나님께서 이런 일부다처 사회를 기뻐하셨겠는가? 물론 하나님이 그것을 기뻐하셨을 리가 없다. 일부다처제는 하나님의 창조의 법과 혼인을 위한 법을 어기고 있을 뿐이다. 그럼에도 불구하고 타락한 인간 사회에서 사는 사람들, 특히 약자인 여인을 위한 실행 가능한 최소한의 법이 하나님의 백성에게 필요했던 것이며 하나님은 모세를 통해서 이 법을 내려주신 것이다.

오늘날 성경이 노예 제도를 허용한다고 비판하는 어떤 사람들은 동일한 원리로 성경이 일부다처제를 용인하는 것을 비판한다. 그러나 그런 비판은 인간 사회의 현실에 대한 이해가 부족하기 때문에 나오는 것이다. 그러면 일부다처제가 전혀 필요 없는 오늘날은 그것이 없어졌는가? 천만의 말씀이다. 많은 여자들은 손쉽게 돈을 벌기 위해서 기꺼이 자신의 몸을 팔고 많은 남자들은 그런 사회 체계를 고치는데 소극적이다. 이른바 선진국이라고 하는 나라들의 남성들은 자기 나라에서 못하는 짓을 외국에 나가서 하고 있다. 아브라함 카이퍼가 기독교 정당의 지도자로서 화란 수상이 되었을 때 암스테르담의 유명한 공창(公娼)에 대해서 오래 토론한 결과 그것을 존속시키기로 한 전례는 중요한 교훈이 된다. 과연 오늘날 상황은 과거 일부다처가 사회 제도로 인정되던 사회보다 더 낫다고 단언하기가 쉽지 않을 것이다. 그리고 이런 인간 사회의 현실은 죄악이 처리되지 않은 인간 역사가 지속되는 한 완전히 치료되기 힘들 것이다.

하나님의 해법

이런 사회에서 여자가 첩으로 팔려가는 것은 때로 불가피한 일이 되었으므로 하나님께서는 그런 상황에서 가장 현실적인 방식으로 해법을 제공하셨다. 당시 이스라엘 사회에서 여자가 첩으로 팔려 갔을 때 제일 좋은 것은 여종으로 팔려온 여인일지라도 그 남자가 사랑하여 함께 살면서 거기서 자녀를 낳고 가정을 이루는 것이다. 이렇게 되면 비록 그 상황의 근본 원인이 죄악으로 인해서 발생한 인간 사회의 왜곡이라 할지라도 거기서 하나님의 가정의 원형에 가장 가까운 관계가 형성될 수 있다. 일부다처제를 피할 수는 없다고 하더라도 차선책으로 두 사람이 서로 사랑하고 의지하면서 자녀를 낳고 키우며 한 평생을 살면 부부로서 무난한 삶을 사는 것이다. 여종을 첩으로 얻은 상전들이 이렇게 여종을 사랑하고 사는 사람이 많을수록 그만큼 그 사회도 안정을 얻을 것이다.

그러나 인간 사회가 반드시 그렇게 순탄하지만은 않다. 8절이 말하는 것처럼 여종에게 문제가 있든지 상전에게 문제가 있어서 그 관계가 일그러지는 경우가 얼마든지 발생할 수 있다. 이것이 첫째 사례이다. 그런 경우에는 여자의 가족이 여종을 속할 수 있어야 한다. 그러나 그 여인을 그냥 보내는 것은 주인의 재산권을 침해하는 결과가 될 수 있다. 만약 이런 경우에 상전과 여종이 서로 마음이 맞지 않으면 여인을 그냥 내보내야 한다고 규정하면 문제가 발생할 수 있다. 즉 여종이 의도적으로 상전을 미워하고 저항하여 관계를 어그러뜨리고 억지로 자유를 찾으려 하는 상황이 발생할 수 있는 것이다. 그렇게 되면 상전은 어쩔 수 없이 재산상의 손실을 감수해야 한다. 그런 불의를 막으려면 상전과 여종이 서로 맞지 않을 때에 그녀의 가족은 어느 만큼의 돈을 지불하고 그녀를 되찾아 와야 하는 것이다. 여기 규정에 그 액수가 정해져 있지는 않지만 그녀의 가족은 아마 처음 그녀를 넘길 때보다는 상당히 적은 액수를 지불했을 것이 거의 확실하다. 또한 이 경우에 주인은 그 여종을 비싼 값을 부르는 아무 사람에게나 넘기게 되어 있지 않다. 그녀를 원래의 가족에게 돌려 보내든지 혹은 그녀와 가까운 사람들에게 돌려 보내야지 전혀 모르는 외인에게 자기 마음대로 비싼 값으로 팔지 못하게 되어 있다. 이런 제한

이 가해지는 것은 상전이 신실하게 행하지 않았기 때문이다. 즉 그녀를 첩으로 맞아들여 사랑하고 아껴주며 자기의 의무를 충실히 했어야 하는데 마음에 들지 않는다고 하여 내보내겠다는 것은 신실하지 않은 짓이다. 따라서 그는 그만큼 불이익을 감수해야 했다. 즉 그녀를 아무에게나 마음대로 팔지 못하고 그 친족에게 되돌려야 했던 것이다.

그런데 상전이 여종을 첩으로 삼아서 함께 살다가 다른 여자를 다시 얻는 경우가 발생할 수 있다. 그런 경우 상전은 새로 얻은 첩 때문에 이 여종을 홀대해서는 안된다. 원래 하던 대로 의식주를 공급해 주어야 할 뿐만 아니라 그녀가 자녀를 낳을 수 있는 권리를 존중해 주어야 한다. 그래서 잠자리를 같이 하는 일을 계속해야 한다. 만약 그가 이런 의무를 게을리 하면 그는 아무 조건 없이 그녀를 해방시켜야 한다. 만약 여종의 집안이 빚 때문에 그녀를 종으로 넘겼다면 그 빚까지 전부 탕감해 주어야 한다.

이런 조항들을 살펴보면 상전이 여종을 자기의 첩으로 삼으려 하는 것이 얼마나 큰 모험인지 짐작할 수 있다. 이 조항의 내용을 보면 여종에게 대단히 유리한 조항이다. 이 조항은 결국 상전에게 강한 강제력으로 작용하여 그가 사랑해서 함께 살 마음이 없으면 함부로 여인을 첩으로 사오지 말라는 것이다. 하나님은 이 조항에서 일부다처제나 처첩을 두는 것을 금하지는 않으셨다. 그것은 그 사회에서 현실적이 아니었던 까닭이다. 그러나 이 조항의 내용을 보면 그런 상황에서라도 가정의 원형을 가능하면 보존하고 유지하려는 지혜가 드러난다. 비록 여인을 처첩으로 사오는 한이 있더라도 그것은 그 여인에 대한 사랑이 밑받침되어야 한다는 것이다. 만약 그렇지 않고 중도에 여인을 버리면 큰 재산상의 불이익을 감수하지 않을 수 없게 정하신 것이다.

　이것은 아들을 위하여 첩을 들이는 경우에도 적용된다. 아들을 위하여 첩을 사왔다면 그녀를 자기 딸처럼 대하라는 것이다. 이것은 지혜로운 권고이다. 아버지가 아들을 위하여 첩을 구했다면 어쨌든 아들과 그 여종은 부부로서의 관계를 맺게 되어 있다. 그런데 만약 아버지가 그 여종을 종이라고 하여 함부로 대한다면 아들과 여종의 관계가 쉽지 않을 것이 분명하다. 결국 아들은 아버지의 종을 데리고 사는 결과가 되기 때문이다. 그러므로 아버지는 그 여종을 딸처럼 대접하고 아껴 주어야 한다. 그 여종을 종처럼 대해서는 안 된다는 것이다. 이 조항의 의미를 가만히 생각해 보면 아들과 여종의 관계에 대한 배려가 느껴진다. 만약 이 조항이 지켜진다면 그 아들과 여종의 관계가 안정되고 좋은 관계로 발전할 것이다. 아버지는 그 여종을 딸처럼 아끼고 대접해 주며, 아들은 그 여종을 자기의 아내 혹은 첩으로 두고 함께 산다면 비록 외적인 사회 관계는 주인과 상전의 관계이지만 그 실질 내용은 좋은 부부의 관계가 될 수 있는 것이다.

　결론적으로, 출애굽기 21:1-11의 남종과 여종에 대한 이 가르침은 에덴 동산에 사는 사람들에게 주어진 조항이 아니다. 또한 오늘날 같이 민주주의가 발달되고 인권이 존중되며 여권이 향상되고 사회가 안전하게 된 상황에서 주어진 법도 아니다. 지금부터 무려 약 3500년 이전의 고대 사회에 주어진 법이었다. 그래서 법

조문 자체는 오늘날 우리의 눈에 이상하게 보일 수도 있다. 하지만 지금까지 본 것처럼 그 법의 정신이 무엇을 지향하고 있는지는 분명하다. 남종을 규제하는 법은 결국 남종이 해방되어 건강하고 온전한 처지에서 가정을 세우도록 권고하고 있다. 그 권고를 어기면 남종은 사랑하는 처자와 얼마 동안이라도 헤어지든지 아니면 영원히 종이 되어야 하는 힘든 결정을 내려야 할 처지에 몰리게 된다. 그러므로 가장 지혜로운 남종이라면 6년 동안 일한 후에 자유를 얻고 그 다음에 사랑과 혼인을 생각할 것이다.

여종에 대한 규정은 사회적 약자에 대한 배려가 충분히 스며 있는 조항임을 알 수 있다. 더욱이 여종을 첩으로 들이고자 하는 남자에게 여종에 대한 사랑을 권고하고 있다. 비록 첩으로 여종을 사온다 할지라도 사랑하여 오래 함께 살 수 있는 여인을 데려오라는 것이다. 그렇지 않으면 그는 많은 재산상의 손실을 각오해야 할 것이다. 일단 집으로 데려오면 그녀를 첩으로 혹은 딸로 대해야 하며 그 원칙을 어기면 상전은 그녀를 그대로 잃게 된다. 이것은 재산상의 큰 손실이 아닐 수 없다. 타락한 인간 사회, 하나님의 가장 거룩하고 완전한 법이 실현될 수 없는 사회에서라도 하나님은 이상을 향하여 한발한발 그 백성을 인도하셨음을 알 수 있다.

8
여인에 대한 존중

10 네가 나가서 적군과 싸울 때에 네 하나님 여호와께서 그들을 네 손에 넘기시므로 네가 그들을 사로잡은 후에 11 네가 만일 그 포로 중의 아리따운 여자를 보고 그에게 연연하여 아내를 삼고자 하거든 12 그를 네 집으로 데려갈 것이요 그는 그 머리를 밀고 손톱을 베고 13 또 포로의 의복을 벗고 네 집에 살며 그 부모를 위하여 한 달 동안 애곡한 후에 네가 그에게로 들어가서 그의 남편이 되고 그는 네 아내가 될 것이요 14 그 후에 네가 그를 기뻐하지 아니하거든 그의 마음대로 가게 하고 결코 돈을 받고 팔지 말지라 네가 그를 욕보였은즉 종으로 여기지 말지니라 (신 21:10-14)

규정의 배경

이 제도는 하나님 나라의 위대한 정신을 보여 준다. 이 규정은 전쟁에서 승리한 이후에 발생한 어떤 일을 처리하는 방식에 대한 규정이다. 바로 앞 신명기 20:10-20에는 전쟁 수칙에서 포로의 처분에 대한 규정이 있었다. 적의 성읍이 항복하면 그대로 들어가 그들을 점령하고 조공을 바치게 하지만, 만약 그들이 반항하면 전투를 수행하여 남자는 전부 죽이고 여자들과 유아들과 육축은 전리품으로 취하도록 되어 있다. 오늘날로 말하면 민간인의 목숨은 보존해야 한다는 것이다. 이것이 성경의 원칙이다. 전쟁은 인간 사회의 악으로 인해서 때로 어쩔 수 없이 발생하고 전투에 참여하는 군인은 서로 죽이고 죽는 일을 하지만 전투에 참여하지 않은 민간인의 목숨까지 빼앗을 필요가 없다는 것이다. 어쨌든 지금 이스라엘의 군대는 멀리 있는 성읍을 전투를 통해서 점령한 것이다. 이 성읍은 가나안 내에 있는 원주민의 성읍은 아니다. 왜냐하면 가나안 원주민은 완전히 도말되어야 하는 까닭이다. 이렇게 멀리 있는 성을 차지하면 그 성의 포로들은 군인들의 차지가 되어 그들의 재산이 되었다. 당시 전쟁 포로는 노예가 되어 주인의 재산이 되었기 때문이다.

그런데 포로 중에 한 아리따운 여인이 있어 군인의 마음에 들었다. 그 여인이 진짜로 아리따운지, 아니면 군인의 눈에 그렇게 보였는지는 문제가 되지 않는다. 군인이 포로 중 한 여인을 보고 마음이 움직여 좋아하게 되는 일이 발생한 것이다. 이런 상황에서 군인은 그녀가 전쟁 포로이고 자기 재산이므로 자기 마음대로 하여 욕망을 채우려는 유혹을 받을 수 있다. 그렇게 되면 여인은 마치 물건이나 창녀처럼 취급 받을 가능성이 다분히 있다. 하지만 그녀가 지금은 비록 패전국의 포로가 되어 다른 사람의 재산이 되었을지라도 원래는 지체 높은 집안의 규수였을 수도 있고 사람의 존경을 받는 덕망 있는 여인이었을 수도 있다. 설사 그렇지 않았다 하더라도 여인으로서 패전국의 포로가 된 것도 비참한 일인데 적국 군인의 노리개 감이 된다면 참으로 슬프고 불의한 일이다. 그런데 만약 그런 상황에 대해서 아무 규정도 없다면 결국 군인이 자기 하고 싶은 대로 하고 말 것이다.

규정의 내용

그래서 율법은 이럴 경우에 어떻게 해야 한다는 것을 규정한다. 첫째, 남자는 그녀를 자기 집으로 데려 가야 한다. 그가 비록 그녀에 대해서 욕망을 품었고 그녀가 아무 의지할 데 없이 광야에 버려진 것과 같은 처지이지만 남자는 그 여인에 대해서 충동적으로 행동하면 안된다. 정중하게 대해야 하고 절차를 지켜야 한다. 그래서 먼저 그녀를 자기 집으로 데려가는 것이다. 그러면 그녀는 머리를 밀고 손톱을 깎고 포로의 의복을 벗고 새 옷으로 갈아 입는다. 여기 포로의 의복이란 포로를 위해서 특별히 마련한 수의라기 보다는 잡혀올 때에 입고 있던 원래 자기 민족의 옷을 의미한다. 그렇게 옷을 갈아입은 후에 그 집에 머물면서 한 달 동안 부모를 위해서 애곡한다. 이렇게 한 후에 남자는 그녀를 아내로 삼을 수 있다. 이것이 이 규정인데, 그렇게 하는 데에는 몇 가지 의미가 있다.

규정의 의미

 첫째, 이 여인의 부모가 실제로 전쟁 통에 사망했을 수가 있다. 그렇다면 이 애곡은 타계한 부모를 위해서 혼자서나마 장례를 치르는 것이다. 성경에는 사람이 죽었을 때 30일 동안 애곡한 경우들이 있다. 예를 들면 아론이 죽었을 때와 모세가 죽었을 때 이스라엘 백성은 30일 동안 애곡했다(민 20:29; 신 34:8). 이 여인은 전쟁의 와중에 부모의 생사를 확인할 기회도 없이 붙잡혀 왔을 수도 있다. 그러면 앞으로 부모의 생사를 확인하고 재회할 기회가 있을 것인가 하면, 그럴 가능성은 거의 없다고 보아야 한다. 나라를 잃고 적국에 점령된 연로한 부모가 얼마나 더 살 수 있을지도 모르고, 설사 살아 계신다 하더라도 자기가 다시 만나 모실 가능성은 거의 없다. 그러므로 포로로 잡혀온 이 여인에게는 실제로 부모는 돌아가신 것이나 마찬가지이다. 이런 정형을 생각하고 이스라엘의 군인은 그 여인에게 30일 동안 애곡할 수 있는 기회를 주어야 한다. 비록 전쟁 포로이지만 인류의 근본을 어기는 일이 없이 긍휼히 여기는 마음을 품어야 한다는 원칙이 이렇게 표시되었다.

 둘째, 이 30일간의 애곡은 여인에게 과거와 단절할 수 있는 시간적 여유가 되었을 것이다. 이방인으로 살다가 히브리인의 집에 들어와 혼인을 준비하면서 그녀는 과거를 정리해야 한다. 이런 기회가 가나안 원주민에게는 주어지지 않았다. 가나안 원주민은 남녀노소를 불문하고 완전히 괴멸되어야 했기 때문이다. 하지만 포로로 잡혀 온 이 여인은 가나안에서 멀리 떨어진 성읍에 살고 있었으므로, 가나안 원주민의 극단적인 도덕적 타락으로부터 비교적 자유로웠을 것으로 전제된다. 그러니까 이런 기회가 주어진 것이지만 그래도 이방인이었던 그녀는 히브리인의 아내가 되려면 과거와 단절하고 새로 시작해야 한다. 그 30일 동안 그녀는 과거 자기의 이방 종교를 유지하도록 허용되지는 않는다. 그녀는 이스라엘 민족의 생활을 익히고 특히 히브리인의 종교와 접촉해서 하나님을 배워야 했다.

셋째, 이 여인은 감정을 정리할 시간이 필요했다. 패전국의 포로가 된 여인이라면 십중팔구 부모나, 남편이나, 자식이나, 오빠가 죽임을 당했을 것이 거의 확실하다. 그렇다면 그 심적인 충격과 황당함은 이루 말할 수 없을 것이다. 그런 상태에서 자기를 점령한 적국의 군인의 아내가 된다는 것은 여인에게는 참담한 일이 아닐 수 없다. 그러므로 여인에게는 과거를 정리하고 정서를 안정시키며 심신을 추슬러 새로운 삶을 준비할 시간적 여유가 필요했을 것이다. 그 한 달 동안 여인은 계속해서 울고만 있지는 않을 것이다. 울다가 그치면 정신을 차리고 앞으로 어떻게 살아야 하는지를 생각했을 것이다. 이제 지나간 과거와는 단절해야 했다. 그리고 자기 앞에 놓인 현실을 있는 그대로 보고 앞으로 살아갈 궁리를 해야 했다. 혹은 악하고 잔인한 남자를 만나 노예로 팔려가거나 비참한 대접을 받지 않고 그래도 자기를 이만큼 좋아하고 배려해 주는 남자를 만난 것에 대해서 불행 중 다행이라는 생각을 할 수도 있다. 어쨌든 여인은 그 기간 동안 정서적인 안정을 회복하여 삶을 영위하기 위한 힘을 되찾아야 했다.

넷째, 여인이 이런 시간을 가지는 동안 남자도 여인을 관찰하면서 냉정을 찾을 시간적 여유를 가지게 된다. 과연 이 여인이 자기가 아내로 삼을 만한 여인인가? 전쟁터의 혼란 속에서 급하게 정한 마음이 혹시 너무 성급한 것은 아니었을까? 당시에는 아름다워 보였지만 머리를 깎고 화장을 다 지우고 애곡하는 모습은 그렇게 아름답지 못할 수도 있고 그렇게 매력적이지 않을 수도 있다. 이렇게 남자도 여인을 관찰하면서 자신의 결정을 재고할 수 있다. 남자는 신중하게 결정해야 한다. 일단 자기 아내로 받아들인 다음에 마음에 들지 않으면 거저 내보내야 한다. 아내로 맞아들이지 않았더라면 종으로 다른 사람에게 상당한 값을 받고 팔 수도 있었겠지만 일단 아내로 맞아들인 다음에는 그렇게 하지 못한다. 그러므로 신중해야 한다. 그렇게 한 달 동안 여인의 애곡하는 모습을 지켜보면서도 남자의 마음이 변하지 않았다면 그 혼인은 오래 갈 가능성이 훨씬 커질 것이다. 이렇게 해서 한 달이라는 기간은 남녀 모두에게 과거를 정리하고 서로에 대해서 알아보며 다음 단계로 나아갈 수 있는 준비 기간이 되었던 것이다.

이렇게 한 다음에 남자는 여인을 아내로 맞이할 수 있었다. 그런데 14절에 유보 조항이 있다. 그렇게 해서 아내로 맞이했는데 살다가 보니까 남자가 이건 아니다 싶은 생각이 들었다. 별 이유 없이 그냥 애정이 식어서 변심했을 수도 있고, 혹은 여인에게서 미처 알지 못했던 어떤 문제점이 발견되었을 수도 있다. 어쨌든 여자가 마음에 들지 않아 이제 내어 보내려 한다면 그녀를 다른 종처럼 그냥 팔지 못한다. 왜냐하면 그가 이미 그녀를 아내로 삼 았으므로 이제는 일반 종처럼 대우하지 못하는 까닭이다. 그래서 만약 남자가 그 여자를 버린다면 그녀는 자유롭게 나가서 더 이 상 종이 아니라 그 사회의 자유 시민이 되는 것이다.

이 법의 훌륭함

이 법이 지금으로부터 거금 3500년 전에 주어진 법임을 생각하면 참으로 훌륭한 법이라 하지 않을 수 없다. 전쟁이란 어느 시대에나 있었고 전쟁의 결과는 언제나 비참했다. 그 중에서도 가장 비참한 것이 여자와 아이들이었다. 모든 사람이 쉬쉬하지만 모두가 알고 있는 것이 패전국 여인들이 당하는 수치와 비참이다. 이것은 심지어 오늘날도 마찬가지이다. 폭력과 힘이 유일한 규칙인 전쟁터에서는 결국 물리력이 약한 여인과 아이들은 언제나 희생자가 된다. 인간 사회에서 항상 반복되는 이 야만적인 악행에 비춰볼 때 신명기의 이 법은 얼마나 위대한 정신을 가르치는가? 패전국의 여인이 그녀를 전리품으로 소유한 남자에게는 완전히 무방비 상태이다. 그런 여인을 위해서 하나님께서 썩 나서시는 것이다. '그녀를 마음대로 할 수 있다고 생각하지 말아라. 비록 패전국의 여인이지만 여인으로서 위치를 존중해 주어야 한다. 무방비 상태의 여인이라고 해서 결코 충동적인 욕망의 대상으로 삼을 수 없다. 만약 정 그녀를 원한다면 정식으로 아내로 맞이하거라. 그렇게 하기 위해서는 이런 절차를 다 거쳐야 한다' 하고 하나님께서 그녀의 보호자로 나서시는 것이다.

그러므로 이 법 정신의 위대함을 다시 느끼게 된다. 하나님께서 전쟁 포로의 처우에 대해서 가르치시되 특히 여인의 이 경우를 들어서 이런 법을 내리실 때에 이스라엘 백성에게 깨달으라 하시는 바가 있다. 가장 연약한 여인을 취할 때에라도 이런 절차와 측은지심을 발휘해야 한다면 이 원칙이 왜 다른 포로들에게는 적용되지 않겠는가? 자기 나라를 빼앗기고 적국의 포로가 된다는 것만으로도 충분히 비참하고 슬픈 일이다. 그렇다면 점령자는 자기들의 위치를 이용하여 그들을 착취하고 못살게 굴지 말고 서로 평화를 유지하면서 인간다운 삶을 회복하도록 해주어야 한다. 전쟁하는 동안에는 적이지만 전쟁이 끝나면 함께 살아야 하는 동료 인간이다. 물론 거기에 조공을 바치는 일이야 있겠지만 실은 조공이 공짜가 아니다. 조공을 받는 나라는 바치는 나라를 더 큰 세력으로부터 보호할 의무를 또한 지게 된다. 이것이 국제 관계에서 항상 있는 일이다. 그러므로 전쟁과 정복은 인간 사회에서 피할 수 없는 현실이라 하더라도 그것이 힘을 가진 자의 더 큰 악으로 발전하는 일은 막아야 한다.

이와 관련하여 어떤 사람은 하나님을 향해서 '왜 이런 전쟁을 일으키십니까, 전쟁을 아예 없애면 되지 않습니까, 그리고 이스라엘 남자에게 여성 전쟁 포로에게 손도 대지 말라고 명해야 할 것 아닙니까'라고 따지고 싶을 것이다. 하지만 그런 항의는 후안무치(厚顔無恥)하기 이를 데 없다. 하나님께서는 원래 전쟁이 없는 세상을 만드셨고 지금도 전쟁을 원치 않으신다. 하나님은 필요하면 용맹스럽게 전쟁을 수행하는 신이시지만 호전적인 신은 아니다. 그래서 다윗 왕이 하나님을 위해서 성전을 건설하겠다고 제안하자 그가 손에 피를 너무 많이 묻혔으니 그 일에 적합하지 않다고 거절하셨다(대상 28:2-3). 손에 많은 피를 묻힌 사람은 성전을 건설할 수 없다. 하나님이 전쟁을 좋아하는 신이 아닐뿐더러 이방인에 의해서 그런 신으로 간주되는 것도 원치 않으시기 때문이다. 도리어 이 세상을 전쟁의 소용돌이로 몰아넣은 것은 타락한 사람들이다. 그러므로 전쟁의 비참에 대한 책임은 사람에게 있지 하나님에게 있지 않다. 하나님은 오늘날도 사람에게 전쟁을 하지 말라 하시지만 사람이 계속 전쟁을 일으키고 있다. 부부 싸움을 하나님이 일으키는가? 하나님께서는 부부 싸움을 하지 말라 하시지만 사람이 계속해서 싸울 뿐이다. 그런데 하나님에게 왜 부부싸움을 허락하셨느냐고 항의하는 것이 말이 안되는 일이다. 전쟁에 대해서도 마찬가지이다. 그 비참은 사람의 자업자득일 뿐이다.

이런 세상 속에 하나님께서는 자기 백성을 일으키셔서 그들에게 이런 세상 속에서 어떻게 행해야 할 것을 가르치신 것이다. 그 중 하나가 전쟁을 어떻게 하라는 것이다. 그리고 본문의 이야기는 전쟁에서 포로로 잡힌 여인을 원할 때에 어떻게 하라는 것이다.

이 법이 지켜졌을 때 어떤 결과가 따라오겠는가? 첫째 불쌍한 여인이 인간의 존엄성을 유지하고 살 수 있게 된다. 이 법의 정신이 그것을 추구한다. 비록 패전국의 여인이 되어 삶의 뿌리가 송두리째 뽑히고 그 생명은 백척간두에 섰으나 하나님께서는 그 여인의 인간다운 삶을 확보해 주고자 하신다. 그래서 이 규정이 있다.

둘째, 하나님의 백성은 이런 경우에 자기의 힘을 믿고 여인을 함부로 하지 못한다. 여인은 자기의 소유이며 완전히 자기 수하에 있다. 그럼에도 불구하고 하나님께서는 그 여인을 함부로 하지 말라고 명하신다. 자기의 욕망을 무제한으로 충족하기 위한 수단으로 삼는 것을 엄격하게 금하신다. 이스라엘의 군인들에게 점잖은 신사가 되라고 하시는 것이다. 연약한 여인을 존중하고 위로하며, 그녀가 당한 어려움과 심정의 고통과 불안한 마음을 헤아리고 기회를 주고 시간을 주어 마음을 안정시킨 다음에 자기 아내로 삼으라고 명하신다. 이것이 얼마나 신중하고 신사적인 행동인가? 자기 욕망의 충동을 따라서 상대의 사정을 전혀 헤아리지 않고 멋대로 행동하는 사람은 하나님의 군사로 자격이 없다고 말씀하시는 것이나 마찬가지이다. 특히 전쟁에서 승리한 군사들은 승리감에 도취되어 무분별하게 행동할 가능성이 높다. 이런 방종의 위험은 성적인 측면에서도 마찬가지이다. 그런 상황에서라도 하나님의 백성은 절도와 예의를 지키고 여인에 대해서도 신사도를 따라서 행동해야 한다.

셋째, 남녀가 서로 성관계를 가지는 것은 오로지 혼인을 통해서만 허용된다. 이것은 어떤 경우에도 지켜져야 한다. 지금 앞에 놓인 상황은 이 원칙이 가장 쉽게 어겨질 수 있는 상황이다. 여자는 완전 무방비이고 남자가 모든 권한을 쥐고 있다. 그럴지라도 남자가 그 여인을 취하기 위해서는 정상적인 혼인을 거쳐야 한다.

전에 미국의 시사주간지 타임(Time)에 미국의 결혼 풍속도의 변화에 대한 긴 기사가 실린 적이 있다. 괄목할 만한 현상 중의 하나가 혼인을 하지 않은 동거가 급속하게 늘어나는 것이다. 우리나라도 마찬가지이다. 하나님을 믿는 청년들은 이런 문제에서 하나님의 말씀의 분명한 규칙을 따라야 한다. 그렇게 하는 것이 복을 받는 길이기도 하다. 이 원칙을 어기면 반드시 후회하게 된다.

넷째, 이렇게 해서 하나님은 열방의 사람들에게 자신이 어떤 신인지를 증거하신다. 우선 이 법이 드러내는 정신이 하나님의 위대한 덕성을 드러낸다. 전쟁에 승리하여 포로로 잡혀온 여인을 취하고자 하는 자기 백성에게 하나님은 '함부로 생각하지 말아라, 그 여인도 나의 피조물이요 내가 돌본다. 네가 그녀를 취하려면 정상적인 과정을 거쳐서 아내로 맞이하라. 그 이외에 네가 그 여인을 취할 수 있는 길은 없다' 하고 엄히 말씀하시는 것이다. 승리한 이스라엘 군인들이 이 법 정신을 따라서 행동한다면 큰 덕성이 드러날 것이다. 패전국의 여인을 이렇게 존중하고 헤아리는 군인들의 나라라면 얼마나 아름답고 질서 있는 나라이겠는가? 어쩌면 잡혀온 여인들이 이스라엘 군인이 자기를 대하는 정중하고 예의 바른 처신을 보고서 과거 자기가 속했던 사회의 암매를 느끼고 이스라엘의 하나님을 사랑하게 될 수도 있다. 그렇게 해서 하나님의 통치가 드러나는 것이다. 하나님의 나라는 이런 위대한 정신으로 세상을 정복해 나가는 것이지 결코 무력으로 정복하지 않는다.

결론적 고찰

어떤 사람들은 구약에서 일부다처제가 허용되었다는 것을 근거로 성경의 권위를 부인하고 특히 구약을 폄훼(貶毁)한다. 하지만 그런 사람들이 이루어 놓은 세상은 구약의 이런 법이 가르치는 나라보다 훨씬 열악하다. 또 어떤 사람들은 구약에서 남녀 차별을 인정한다 하여 역시 구약을 폄훼한다. 하지만 구약이 일부다처제를 허용하거나 혹은 남녀를 차별하는 것처럼 보이는 법을 내린 것은 사람들의 악함 때문임을 상기해야 한다. 이혼할 때에 여자에게 이혼 증서를 써서 내보내라는 모세법에 대한 주님의 해석이 그것이었다.

> "8 예수께서 이르시되 모세가 너희 마음의 완악함 때문에 아내 버림을 허락하였거니와 본래는 그렇지 아니하니라" (마 19:8)

모세의 법은 이상적인 세상에 사는 사람들에게 내린 법이 아니라 타락하여 악하게 된 세상의 한계 내에서 준수함으로 하나님 나라를 증거할 수 있는 법이다. 따라서 그 법은 그런 사회에서 지킬 수 있는 형태 곧 실정법의 형태로 주어진 것이다. 그러므로 거기에 시대적 한계가 있을 수 밖에 없다. 하나님의 법은 그 시대적 한계 내에서 지킬 수 있는 조문으로 주어졌지만 동시에 그 시대의 한계를 뛰어넘는 위대한 정신을 보여준다. 신성한 지혜의 결과가 아니라면 그런 법이 나올 수 없음을 다시 느끼게 된다.

또한 이 법이 남녀 관계의 원리에 대해 가르치는 바를 주목해야 한다. 이것은 극단적인 상황을 배경으로 한다. 남자는 여인에 대해 거의 절대적인 권력을 행사할 수 있고, 여인은 남자에 대해 아무런 방어 수단도 가지지 않은 절대적인 지배 하에 있다. 특별히 고대 세계에서 남자는 승전국의 군사이고 여자는 패전국의 포로인 이 상황보다 더 심한 힘의 불균형을 상상할 수 없다. 이런 상황에서 남자가 자기 마음에 드는 아리따운 여인을 발견한 것이다. 남자는 여인에 대해 욕망을 느낄 것이다. 그런 남자를 향해서 하나님께서는 '네가 그 여인을 취할 수 있는 유일한 방법은 혼인하는 것이다. 그렇게 하려면 이런 절차를 거쳐야 한다'고 하시면서 이 규정을 내려 주신 것이다. 하나님께서 남자와 여자의 관계, 특별히 성관계가 수반되는 관계를 얼마나 무겁고 신중하게 다루시는 지를 알게 된다. 이런 규칙의 가치를 깨닫는 것은 하나님의 신성한 지혜를 배우는 것이다. 그 길을 따르면 생명과 행복이 기다리고 있다.

9
성적 순결의 중요성

13 누구든지 아내를 맞이하여 그에게 들어간 후에 그를 미워하여 14 비방거리를 만들어 그에게 누명을 씌워 이르되 내가 이 여자를 맞이하였더니 그와 동침할 때에 그가 처녀임을 보지 못하였노라 하면 15 그 처녀의 부모가 그 처녀의 처녀인 표를 얻어가지고 그 성문 장로들에게로 가서 16 처녀의 아버지가 장로들에게 말하기를 내 딸을 이 사람에게 아내로 주었더니 그가 미워하여 17 비방거리를 만들어 말하기를 내가 네 딸에게서 처녀임을 보지 못하였노라 하나 보라 내 딸의 처녀의 표적이 이것이라 하고 그 부모가 그 자리옷을 그 성읍 장로들 앞에 펼 것이요 18 그 성읍 장로들은 그 사람을 잡아 때리고 19 이스라엘 처녀에게 누명을 씌움으로 말미암아 그에게서 은 일백 세겔을 벌금으로 받아 여자의 아버지에게 주고 그 여자는 그 남자가 평생에 버릴 수 없는 아내가 되게 하려니와 20 그 일이 참되어 그 처녀에게 처녀의 표적이 없거든 21 그 처녀를 그의 아버지 집 문에서 끌어내고 그 성읍 사람들이 그를 돌로 쳐죽일지니 이는 그가 그의 아버지 집에서 창기의 행동을 하여 이스라엘 중에서 악을 행하였음이라 너는 이와 같이 하여 너희 가운데서 악을 제할지니라 22 어떤 남자가 유부녀와 동침한 것이 드러나거든 그 동침한 남자와 그 여자를 둘 다 죽여 이스라엘 중에 악을 제할지니라 23 처녀인 여자가 남자와 약혼한 후에 어떤 남자가 그를 성읍 중에서 만나 동침하면 24 너희는 그들을 둘 다 성읍 문으

로 끌어내고 그들을 돌로 쳐죽일 것이니 그 처녀는 성안에 있으면서도 소리 지르지 아니하였음이요 그 남자는 그 이웃의 아내를 욕보였음이라 너는 이같이 하여 너희 가운데에서 악을 제할지니라 25 만일 남자가 어떤 약혼한 처녀를 들에서 만나서 강간하였으면 그 강간한 남자만 죽일 것이요 26 처녀에게는 아무 것도 행하지 말 것은 처녀에게는 죽일 죄가 없음이라 이 일은 사람이 일어나 그 이웃을 쳐죽인 것과 같은 것이라 27 남자가 처녀를 들에서 만난 까닭에 그 약혼한 처녀가 소리질러도 구원할 자가 없었음이니라 28 만일 남자가 약혼하지 아니한 처녀를 만나 그를 붙들고 동침하는 중에 그 두 사람이 발견되면 29 그 동침한 남자는 그 처녀의 아버지에게 은 오십 세겔을 주고 그 처녀를 아내로 삼을 것이라 그가 그 처녀를 욕보였은즉 평생에 그를 버리지 못하리라 30 사람이 그의 아버지의 아내를 취하여 아버지의 하체를 드러내지 말지니라(신 22:13-30)

본문은 이른바 성범죄 처벌법이라고 할 만한 내용이다. 성적인 문제는 공개적으로 거론하여 다루기에 어색한 면이 있다. 하지만 성은 인간에게 보편적인 일이며, 남자와 여자의 성적인 차이와 그 관계는 하나님께서 정해주신 생리적 법칙이다. 따라서 그것을 사용함에 있어서도 하나님이 정해주신 규범이 있다. 하나님의 법의 모든 면에서 그러한 것처럼 성적인 일들도 정당하고 거룩한 법에 따라서 처리하면 행복과 기쁨을 가져다 주지만 하나님의 법도에 어긋나게 사용하면 반드시 슬픈 열매를 맺게 되어 있다. 그러므로 하나님 나라 백성은 그것을 깨끗한 마음으로 생각하고 다루는 훈련을 받아야 한다. 자녀들에게도 성에 대해서 깨끗한 마음으로 다룰 수 있도록 가르치고 필요한 것들은 허심탄회하게 이야기하는 것이 좋다.

그런데 어떤 사람들은 성이 하나님께서 주신 것이고 좋은 것이기 때문에 무슨 못할 말이 있느냐 하는 태도로 할 말 못할 말을 가리지 않고 마구 하는 사람들이 있다. 신자들 중에도 그렇게 미숙하게 행동하는 사람들이 있다. 성은 하나님이 만든 것이므로 그 자체로 좋은 것이지만 거기에 또한 은밀한 측면들이 있기 때문에 어떤 사람들처럼 불필요하게 성적인 암시를 주는 말을 자주 한다든가, 성적인 농담을 한다든지, 혹은 순결하지 못한 심정이나 의도로 성적인 말을 하는 것은 좋지 않다. 심지어 동기가 순결하다 하더라도 성적인 일을 과도하게 이야기하는 것도 신자로서 그리 자연스럽지 않다. 세상에서도 점잖은 사람들은 성적인 일에 대해서 그렇게 노골적으로 말하지 않는 법이다. 하물며 신자에게는 말할 것도 없다. 모든 일에서 성숙한 신자는 건전한 판단력과 자제를 가지고 행동해야 한다.

성적인 문제와 성범죄는 인간 사회에 언제나 있는 문제이다. 따라서 하나님 나라 백성에게서도 이런 문제가 발생할 수 있으므로 율법은 이 문제를 다룬다. 먼저 본문을 개략적으로 보면 이와 같은 법이 필요한 데에는 이유가 있다. 이스라엘 사회에서 여자는 자녀를 낳을 수 있는 연령에 도달하면 대개 어떤 남자와 약혼을 하게 되어 있다. 약혼을 했다 하더라도 즉시 두 사람이 부부로 함께 사는 것이 아니라 일정 기간 약혼한 상태로 지내다가 정식 부부가 된다. 당시 이스라엘의 약혼은 오늘날의 약혼과 달리 법적으로 결혼과 같은 효력을 가진다. 예수님의 모친인 마리아가 예수님을 잉태한 것이 바로 그 때였다. 요셉과 정혼하고 아직 부부가 되지 않았는데 마리아가 예수님을 임신한 것이다. 이스라엘에 이런 관습이 있었으므로 정혼한 여인이 정식 혼인을 하기 전까지 순결을 유지하는 것은 중요했다. 본문은 이런 배경을 가지고 있다.

신부의 처녀성을 문제 삼는 경우

13-21절은 너절한 경우를 다루는데, 이런 법이 필요했던 것을 보면 이런 일이 심심치 않게 있었던 것으로 짐작할 수 있다. 이 규정이 다루는 문제는 혼인한 신랑이 첫날 밤을 지내고 나서 신부가 처녀가 아니었다고 주장하는 황당한 경우이다. 남녀 사이의 은밀한 일을 아무도 알 수 없으므로 결국 물증을 가지고 해결할 수 밖에 없다. 그리고 물증을 제시하는 것은 신부와 신부 아버지의 몫이다. 만약 남자가 신부를 버리기 위해서 거짓말을 한 것으로 물증에 의해서 판명이 나면 사람들은 그 치사한 남자를 잡아다가 때리고 거금의 벌금을 물린다. 은 일백 세겔이라는 돈은 큰 돈이다. 당시 신랑이 신부의 아버지에게 주는 결혼 지참금이 오십 세겔이었으므로 자기가 신부를 데려오기 위해서 지불한 지참

금의 두 배를 지불해야 한다. 오늘날 말로 하면 무고에 의한 명예 훼손에 대한 보상이다. 그리고 그 남자에게 내려지는 처벌은 유머러스하기까지 하다. 곧 그 여자를 영원히 버리지 못하고 함께 살아야 한다는 처벌이다. 이것이 왜 처벌이 되는가? 그녀를 버리기 위해서 거짓말까지 했는데 그만 영원히 버리지 못하게 되었으니 형벌이 아닐 수 없다. 평생 그녀의 생활을 책임지며 곁에 두고 보아야 한다. 형벌도 이만저만한 형벌이 아니다. 그러므로 이 법은 혼인한 후에 그런 이유를 들어서 신부를 버리려는 남자에게 큰 위협이 된다. 신부와 신부의 아버지가 지혜롭게 처녀인 증거를 딱 확보해 가지고 있다면 남자는 꼼짝 없이 당하게 되어 있다. 큰 재산 상의 손실을 감당해야 하고, 자기가 버리려 했던 여인을 평생 버리지 못하고 부양하면서 살아야 하는 것이다. 그러므로 함부로 그런 시도를 하기가 힘들 것이다.

하지만 여자 쪽에서도 이것은 성적인 순결을 유지하게 하는 큰 강제력을 가지는 규정이다. 만약 여자가 처녀가 아닌 상태에서 혼인했다가는 남편에게 이런 일을 당하게 되기 때문이다. 그러면 여자는 사형을 당하게 된다. 그러므로 여자는 성적인 순결을 유지하기 위해서 극도로 조심해야 한다.

남자가 여자를 한동안 열애하다가 한 순간에 마음이 돌아서는 일은 때때로 발생한다. 성경에 그런 경우가 기록되어 있다. 사무엘하 13:1-20에 보면 암논이 이복 누이인 다말을 사랑하여 상사병에 걸린 이야기가 있다. 암논과 다말은 모두 다윗의 자녀이지만 어머니가 달랐다. 그러니까 다말은 암논에게 어머니가 다른 자매

였으니, 아브라함과 사라의 관계와 같았다. 다말은 대단한 미인이었을 뿐만 아니라 순진하기까지 했던 것 같다. 그만 암논의 계략에 걸려들어 강간을 당하고 만다. 그리고나서 즉시 암논은 다말을 향한 마음이 싸늘하게 식어 그 자리에서 다말을 쫓아보내고 만다. 그 때 다말은 "옳지 아니하다 나를 쫓아보내는 이 큰 악은 아까 내게 행한 그 악보다 더하다"고 비난한다. 위의 본문 28절에도 기록되어 있지만 이스라엘 법에서 이런 경우가 발생하면 남자가 여자의 아버지에게 은 오십 세겔을 지불한 후에 그 둘이 부부가 되는 것으로 문제를 해결하도록 되어 있다. 다말은 이왕지사 일이 이렇게 되었으니 암논의 아내가 되는 것이 차선이라고 생각했던 것이다. 하지만 암논은 다말을 그대로 쫓아보내고 만다. 이 일로 인해서 암논은 결국 다말의 오라비인 압살롬에게 죽임을 당한다. 이 비극의 먼 원인은 다윗이 우리아를 죽이고 밧세바를 취한 죄악이었다.

첫날 밤을 지내고 신랑이 신부에게서 처녀의 증거를 찾을 수 없다고 주장하는 일이 현실적으로 발생할 수 있으므로 신부와 그녀의 아버지는 자기 딸이 처녀라는 증거를 준비해 두어야 했다. 이것이 참 유치하고 어떻게 보면 너절한 일이지만 현실이 그러했다. 왜냐하면 만약 신랑이 그런 주장을 하고 신부에게 그것을 반박할 증거가 없다면 여자가 죽임을 당할 수도 있는 사안이므로 심각한 일이 아닐 수 없다. 사람의 타락으로 인해서 아름다운 혼인이 이런 지경에까지 떨어지는 것은 안타깝지만 인간의 타락이 어디까지 갈 수 있는지를 보여주는 것 같아서 씁쓸한 일이 아닐 수 없다.

이 때 신랑의 주장이 사실로 판명이 나서 여자가 처녀가 아니면 그 여자를 죽이게 되어 있다.

> "이는 그가 그의 아버지 집에서 창기의 행동을 하여 이스라엘 중에서 악을 행하였음이라 너는 이와 같이 하여 너희 가운데서 악을 제할지니라"(신 22:21하)

그러므로 처녀가 아닌 여자가 처녀인 것처럼 가장하고 혼인을 한다는 것은 목숨을 거는 위험이다. 발각 나면 돌로 침을 받아 죽을 수 밖에 없다. 그러므로 여자는 성적 순결을 더욱 중요히 생각하고 지켜 나가야 한다는 뜻이다. 이렇게 해서 율법은 여인이 반드시 성적 순결을 지켜야 할 것을 가르치는 것이다.

간통의 경우

22절은 유부녀가 다른 남자와 눈이 맞아 정을 통하는 경우인데 이 경우에는 두 사람을 모두 사형시키게 되어 있다. 유부녀는 혼인의 정절을 어겼기 때문이고, 남자는 다른 사람의 아내를 범했기 때문이다. 이 규정은 고대 사회의 일반적인 법이었다. 함무라비 법전에는 이렇게 간음을 범한 남녀는 함께 묶어서 물에 빠뜨려 죽이게 되어 있었다. 이럴 경우 남편이 그 여인을 불쌍히 여겨 목숨을 살리기를 원하면 간음의 죄를 범한 남자의 목숨도 살려

주어야 했다. 하지만 이스라엘 법에는 이런 조항이 없다. 간음을 범한 남자와 여자는 죽음으로 죄값을 갚는 것 이외에 길이 없다. 이것은 중요한 면을 시사한다. 하나님 나라에서 간음은 단순히 개인의 문제가 아니라 하나님의 백성 전체의 문제로 간주되었다는 증거이다. 그런 까닭에 피해자인 남편의 의사와 무관하게 형벌을 받아야 했다.

다음 23-27절은 약혼한 처녀와 남자가 간음을 하는 경우인데, 두 가지 서로 다른 상황에 따라서 다르게 처리했다. 만약 성읍 내에서 그렇게 했다면 두 사람을 다 죽여야 한다. 남자는 약혼한 여자를 범했기 때문이요 여자는 소리를 질러서 그 상황을 피하려 하지 않았기 때문이다. 여기 남자의 죄를 말하기를 "이웃의 아내를 욕보였음이라"고 되어 있다. 이스라엘에서는 약혼을 하고 정식 혼인을 하지 않았더라도 여자는 약혼한 남자의 아내로 간주되었기 때문에 이렇게 말한 것이다. 그런데 성읍 내에서 그런 일이 벌어지면 둘이 합의하여 관계한 것으로 간주된다. 소리를 질러서 그 위험을 피할 수 있었기 때문이다. 그러나 만약 아무도 없는 들에서 그런 일이 발생했다면 여자는 무죄이고 남자는 사형시켜야 한다. 여자가 반항을 했더라도 강약이 부동하여 어찌할 수 없었던 것으로 간주된다. 이 경우 남자의 죄에 대해서 율법은 "이 일은 사람이 일어나 그 이웃을 쳐죽인 것과 같은 것이라"고 선언한다. 이것은 신명기 19:11의 "그러나 만일 어떤 사람이 그의 이웃을 미워하여 엎드려 그를 기다리다가 일어나 상처를 입혀 죽게 하고"라는 구절을 인용한 것이다. 이럴 경우 들에서 강간을 당한 여인은 이렇게 기습을 당하여 죽임을 당한 사람과 같으므로 잘못이 없다는 뜻이다.

약혼하지 않은 처녀가 강간을 당한 경우

28-29절은 약혼하지 않은 처녀가 남자에게 강간을 당하면 어떻게 처리하느냐 하는 문제이다. 이 경우에는 남자가 처녀의 아버지에게 은 오십 세겔을 주고 그 처녀를 아내로 삼아서 평생 버리지 못하게 되어 있다(출 22:16-17). 이런 경우에 남자를 사형시키는 것도 한 방법일 것이다. 그러나 그것은 최악의 선택이고, 당시 상황으로 보았을 때 최악을 피하고 차악을 선택하는 것이 두 사람을 부부로 맺어주는 것이다. 비록 큰 잘못이 범해지기는 했지만 그 상황에서 취할 수 있는 최선이 이것이다. 그렇게 하면 남자와 여자 모두 어느 정도 과거의 잘못을 덮고 그들의 노력에 의해서 부부로서의 미래를 세워갈 수도 있을 것이다. 만약 남자를 사형시킨다면 여자는 수치를 씻을 길이 없이 평생을 살아야 한다.

아비의 첩을 취하는 것을 금함

30절은 사람이 그 아비의 첩을 취하면 안된다는 법이다. 야곱의 장자 르우벤이 야곱의 첩인 빌하를 취한 기록이 창 35:22에 있다. 그로 인해서 르우벤은 뒤에 장자의 영광을 상실하게 된다.

"3 르우벤아 너는 내 장자요 나의 능력이요 나의 기력의 시작이라 위광이 초등하고 권능이 탁월하도다마는 4 물의 끓음 같았은즉 너는 탁월치 못하리니 네가 아비의 침상에 올라 더럽혔음이로다 그가 내 침상에 올랐었도다" (창 49:3-4)

이런 근친상간의 죄악이 고대에는 심심치 않게 자행되었던 것으로 보인다. 이스라엘의 역사에서도 왕권을 주장하기 위해서 왕의 첩을 취하는 일들이 있었다. 하나님의 법은 이것을 금한다. 그것은 가족의 순결과 사회의 위계를 무너뜨리는 일로서 결국 사회를 무질서와 혼란으로 빠뜨릴 것이다. 아버지의 첩을 아들이 취하면 아버지와 아들의 관계가 어떻게 되는 것인가?

법의 정신

이 법의 규정을 보면 당시 사회의 상황을 놓고 보았을 때 매우 공평하다는 사실을 알게 된다. 남자든 여자든 자기들의 행위에 합당한 처분을 받는다. 이웃의 아내를 탐내지 말라는 것은 십계명의 열 번째 계명으로 매우 중요한 계명이다. 그런데 이웃의 아내를 범한다면 이 계명을 직접 어긴 것이다. 또한 간음하지 말라는 것도 십계명 중의 하나이다. 이 구절을 보면 성경이 같은 음행이라도 간음과 간음이 아닌 경우를 다르게 취급함을 알 수 있다. 간음이란 배우자가 있거나 약혼한 사람이 배우자 이외의 다른 사람과 성관계를 가지는 것이다. 간음의 경우 강약이 부동하여 여인이 억지로 당한 경우면 남자만 사형시키지만, 합의하에 행하면 양편 모두 사형이다. 간음의 경우 누군가가 죽어야 하게 되어 있다. 간음이 아니고 음행인 경우에는 성관계를 가진 두 사람이 부부가 되는 것으로 해결한다.

오늘날 현대인이 이 법을 놓고 보면 무엇인가 부족한 데가 있다는 느낌을 지울 수 없을 것이다. 바로 그 당사자의 행복의 문제이다. 예를 들어서 첫날 밤을 보낸 신랑이 신부를 쫓아내기 위해서 처녀가 아니었다고 고발했다가 거짓으로 판명된 경우를 보면, 이 경우 어떤 의미에서 남자는 여자를 죽이려 한 것이나 마찬가지이다. 이 때 그는 여자의 아비에게 은 백 세겔을 지불한 후에 그 여인을 평생 버리지 못하게 된다. 이렇게 일을 마무리했을 때 우리는 과연 그 부부가 앞으로 제대로 된 부부로 살 수 있을지에 대해서 확신할 수 없다. 아내는 거짓으로 자기를 버려 죽이려 한 남편과 평생 살아야 한다. 남편의 경우도 자기가 죽이려 한 여자와 평생 살아야 한다. 그것도 거금을 벌금으로 지불한 후에 그렇게 해야 한다. 과연 이 두 사람이 부부로서 평생 행복하게 살 수 있을까? 아마 오늘날 같으면 당장 이혼하고 말았을 것이다. 이런 일까지 갈 것도 없이 혼수가 부족하다 하여 파혼하는 일이 다반사인 우리나라에서 이런 일을 겪으면서까지 혼인을 계속할 사람이 어디에 있겠는가?

또 남자가 처녀를 억지로 범했을 경우에 남자가 처녀의 아비에게 은 오십 세겔을 주고 그녀를 자기 아내로 삼아 평생 부부로 함께 해야 한다. 이럴 경우에도 과연 그런 혼인이 지속될 수 있을까, 그들이 부부로서 행복하게 살 수 있을까에 대해서 근본적인 의구심을 가지게 된다.

따라서 율법이 이 문제를 다른 방식으로 처리하지 않고 바로 이런 식으로 처리한 이유를 묻지 않을 수 없다. 왜 율법은 서로 행복해지기가 거의 불가능해 보이는 상황에 처한 두 사람을, 그들 사이에 성관계가, 그것도 정상적이지도 않은 성관계가 있었다는 이유로 평생 부부로 묶어 두느냐 하는 것이다. 그리고 이런 방식의 일 처리를 오늘날에도 따라야 하느냐 하는 문제가 있다. 오늘날 처녀가 어떤 남자에게 성추행을 당했을 때 그 두 사람을 혼인시켜서 살게 해야 할까?

가장 먼저 주목할 수 있는 것은 이 율법이 부부의 순결을 얼마나 중요시하느냐 하는 점이다. 부부의 순결을 깨는 사람은 만약 발각된다면 반드시 죽음으로 갚아야 한다. 다른 여지가 전혀 허용되지 않는다. 그렇다면 혼인의 순결은 다른 어떤 가치로도 바꿀 수 없다는 것을 이 율법은 분명히 밝힌다.

여기서 주의 깊게 보아야 하는 요소가 있다. 혼인의 순결을 지킨다는 것은 두 사람이 행복하게 사느냐 하는 것보다 더 중요하다는 원칙이 거기에 있다. 바로 이 점에서 오늘날 개인의 행복과 성취가 최고의 가치를 지니게 된 현대인들에게 이 법이 받아들여지기 어려운 것이다. 결국 이 법은 혼인의 신성함을 지키는 일을 개인의 행복보다 더 중요하게 생각할 것을 요구한다. 그런 까닭에 오늘날 같으면 백 번이라도 이혼할 만한 상황에서도 부부로서의 관계를 유지할 것을 명하는 것이다. 일단 혼인을 했다면 아내는 남자가 자기를 버리고자 했다 하더라도 함께 살아야 한다. 또한 남자도 자기가 버리고자 한 여인이라도 끝까지 함께 살아야 한다. 앞으로 그들이 어그러진 관계를 어떻게 회복하고 부부 관계를 지속하느냐 하는 것은 그들에게 맡겨진 과제이다. 아마 주변의 어른들 혹은 랍비나 제사장이 그들에게 조언도 제공하면서 관계 회복을 위해서 도움을 주었을 것이다. 어느 사회에나 그런 조언과 도움이 있으므로 고대 이스라엘 사회에도 당연히 그런 일들이 있었을 것이다. 그렇게 해서 그들은 관계를 회복하고 부부로 살아가야 한다. 어차피 함께 살아야 한다면 그렇게 해서 부부로 살길을 모색해 나가야 한다. 그러나 이혼은 안된다. 하나님께서 그들을 일단 부부로 맺어주신 이상, 한편이 간음을 범하든지 혹은 죽든지 할 때까지 그들은 함께 살아야 한다. 이것이 대원칙이다.

다음으로 여기서 발견하는 또 하나의 원리는 혼인과 부부의 관계는 하나님의 법에 의해서 규제되는 것이지 개인의 선호에 의해서 처리될 수 있는 문제가 아니라는 것이다. 이 말은 혼인에 사회적 측면이 포함되며 혼인한 부부는 혼인의 사실에 따르는 사회적 책임을 감당해야 한다는 것이다. 즉 그들이 거룩한 언약에 의해서 혼인이라는 관계를 형성한 이상 그 혼인은 사회 체제의 일부가 되며 따라서 부부는 언약에 책임을 지고 그 혼인을 유지해야 한다. 이것은 하나님의 백성의 사회에서 근본적인 중요성을 가진다. 만약 사람들이 하나님의 이 규칙을 무시하고 혼인을 순전히 개인적인 취향과 선택의 문제로 해석하여 자기 행복을 위해서 혼인하고 자기 행복이 부인될 때 이혼을 선택한다면 어떤 문제가 발생하겠는가? 남녀 관계가 지극히 혼란스러워지고 편부 편모 슬하에서 자라는 아이들, 미혼모, 심지어 부모 없는 아이들이 점증할 것이다. 그렇게 자란 아이들에게 쉽게 형성되는 정서적 불안과 가치관의 혼란은 그 사회를 점점 저급하게 만들며 사람들은 더욱 동물적이 될 것이다. 더 높은 이상과 원칙, 고귀한 목표를 세우고 굳은 의지를 가지고 그것을 지향해 나가는 대신 눈앞의 쾌락과 즐거움을 추구하는 저급한 인격을 형성하기가 쉬울 것이다. 그런 상태는 또한 범죄의 온상이 되기도 한다. 오늘날 현대 사회의 너무나 많은 문제들이 실은 혼인의 거룩함과 성적인 순결을 포기한 결과임을 명심할 필요가 있다. 어떤 진보주의자들은 이 점에서 매우 파괴적인 사상을 퍼뜨리고 있다. 매스컴이 퍼뜨리는 많은 메시지들은 뻔뻔스럽게 인본주의적이고 노골적으로 하나님의 법을 비웃는다.

'그러면 개인의 행복은 완전히 짓밟혀도 좋다는 말인가?' 하는 반문이 나올 만하다. 여기서 개인이 참으로 행복을 얻는 길이 무엇인지를 재정의해야 한다. 사람이 언제 진정으로 행복할 수 있을까? 언제 진정 자기 삶에 대한 성취감과 보람을 느끼며 기쁨 속에서 살 수 있을까? 세상에서 무엇을 많이 이루고 많이 소유하면 되는가? 자기의 것을 더욱 쌓으면 되는가? 그렇지 않다는 것을 성경에서 귀에 못이 박히도록 듣고 있다. 한 개인의 참된 행복과 성취감과 만족이라는 것도 최후에는 세상이 주지 못한다. 그것은 하나님께서 그 사랑하시는 자들에게 주시는 하늘의 복이다. 그리고 이 복을 받는 방법을 하나님께서 가르치셨다. 바로 하나님의 법을 순종하는 것이다.

위에서 본 한 예를 생각해 보자. 한 남자가 혼인한 후 첫날 밤을 지내고 나서 갑자기 아내에 대한 사랑이 싸늘하게 식어서 그녀를 버리기로 작정하고 그녀가 처녀가 아니었다고 주장했다. 그런데 지혜로운 그녀의 아버지는 그녀가 처녀인 표를 준비하고 있었다. 그래서 그가 거짓말한 것이 드러나 수치를 당하고 거금을 아내의 아비에게 주고 평생 그녀와 함께 살지 않을 수 없게 되었다. 만약 이 남자가 하나님의 법의 정신을 깨닫고 자기의 잘못을 회개하고 아내와 좋은 가정을 이루기로 작정하고 그 아내에게 자기의 어리석음을 사과하고 함께 부부로서 하나님이 원하시는 가정을 이뤄 가겠다고 한다면 그 가정이 어떻게 되겠는가? 그렇게 하기로 작정한 두 남녀가 행복한 부부가 되지 못할 이유가 없다. 그들이 행복을 찾도록 하나님이 도우시는 것이다. 그래서 그들은 결국 만족스럽고 행복한 부부가 되는 것이다. 이렇게 해서 사람은 하나님의 도움으로 참된 행복을 얻는 것이다. 하지만 만약 이 남편과 아내가 이렇게 하나님의 법을 따르기를 거부하고 여전히 불신과 원망 속에서 산다면 그들의 생애는 당연히 슬픔과 고통이 될 것이다. 결국 그들은 자기들의 불행을 자초하는 셈이다. 자기들의 고집과 회개치 않는 마음속에서 자기의 옳다 하는 바대로 행한다면 그들의 마음속에 참된 행복과 기쁨이 깃들 수가 없다.

그러므로 하나님의 백성인 우리는 자기의 행복을 가장 중심에 두는 그릇된 생각을 감연히 거부해야 한다. 이것은 혼인 생활에서뿐만 아니라 생활의 모든 면에서도 마찬가지이다. 세상이 주는 행복이란 뜬 구름과 같은 것이다. 오늘의 행복이 내일의 고통이 되는 것이 삶의 실상이다. 참된 행복은 오로지 하나님 안에만 있다. 혼인 생활에서도 이 원칙을 견지하면서 한편으로는 자신의 행복을 최고의 가치에 두지 않고, 다른 한편으로는 혼인의 신성함과 사회적 책임을 인식하고 그것을 최고의 가치에 두고 자신의 생활을 세워간다면 거기에 하나님의 복이 임할 것이다.

10
이혼 증서의 문제

1 사람이 아내를 맞이하여 데려온 후에 그에게 수치되는 일이 있음을 발견하고 그를 기뻐하지 아니하면 이혼 증서를 써서 그의 손에 주고 그를 자기 집에서 내보낼 것이요 2 그 여자는 그의 집에서 나가서 다른 사람의 아내가 되려니와 3 그의 둘째 남편도 그를 미워하여 이혼 증서를 써서 그의 손에 주고 그를 자기 집에서 내보냈거나 또는 그를 아내로 맞이한 둘째 남편이 죽었다 하자 4 그 여자는 이미 몸을 더럽혔은즉 그를 내보낸 전남편이 그를 다시 아내로 맞이하지 말지니 이 일은 여호와 앞에 가증한 것이라 너는 네 하나님 여호와께서 네게 기업으로 주시는 땅을 범죄하게 하지 말지니라 (신 24:1-4)

규정의 배경

이 본문은 혼인의 순결과 관련하여 매우 중요한 진리를 가르친다. 우리 말로 네 절로 되어 있는 이 본문이 히브리어로는 원래 하나의 긴 문장이다. 그러므로 이 규정은 여러 가지 내용을 가르치는 것이 아니라 한 가지 중요한 내용에 집중되어 있다. 이 절이 가르치는 핵심은 4절 상반절이다. "그 여자는 이미 몸을 더럽혔은 즉 그를 내보낸 전남편이 그를 다시 아내로 맞이하지 말지니." 이 것이 이 규정이 막상 가르치는 핵심이다. 1-3절은 이 규정을 필요로 하는 어떤 상황을 설정한다. 그 상황은 어떤 여인이 혼인했는데 수치스러운 일로 이혼을 당하고, 나가서 다른 남자와 혼인하여 살다가 또 이혼을 당하거나 둘째 남편이 죽은 상황이다. 이런 경우에 처음 남편이 그 여인을 다시 아내로 취하지 못한다 하는 것이다. 왜 그러냐 하면 남편의 입장에서 보았을 때 그 여인이 이미 간음을 범했기 때문이다. 이것이 이 본문의 규정이다. 그 내용을 좀 더 자세히 보자.

이 규정은 몇 가지 의문을 가지게 한다. 첫째, 남편이 간음 이외의 어떤 이유로 아내를 버리는 것이 합당한가? 둘째, 이혼한 여인을 아내로 맞이해도 되는가? 셋째, 둘째 남편의 경우에는 이혼한 여인을 아내로 맞이할 수 있는데, 왜 첫째 원래의 남편은 다른 남자의 아내가 되었던 여인을 다시 아내로 맞이할 수 없는가? 이런 의문점들이 발생한다.

어느 사회나 마찬가지로 고대 이스라엘 사회에서도 이혼은 하나의 현실이었다. 하나님의 뜻은 분명히 이혼을 막았지만 사람들은 자기 마음대로 이혼했던 것이다. 이것은 다른 규정들에 있어서도 마찬가지이다. 하나님의 율법의 규정은 있지만 사람들은 그것을 자기 멋대로 범해 왔다. 이혼에 있어서도 마찬가지이다. 이와 같이 이혼이 하나님의 뜻이 아니므로 율법이 이혼의 조건을 규정하지는 않았다. 도리어 이혼할 수 없는 경우는 규정해 주었다. 이미 보았지만 혼인한 신랑이 신혼 초야를 지낸 후에 신부가 처녀가 아니라고 말했다가 거짓이 발각되거나, 혼인하기 전에 남자가 약혼하지 않은 여자를 유혹하여 관계를 가지면 그 남자는 여자를 평생 버리지 못하게 되어 있다. 이 법의 기본 정신은 남자가 이미 여자를 수치스럽게 했으므로 다시는 수치스럽게 하지 말아야 한다는 것이다. 이런 특수한 경우에는 이혼을 법적으로 막았지만, 그런 경우가 아니면 남자가 여자를 버리고자 할 때에 그것을 법적으로 막지는 못했던 것으로 보인다. 그럴 수 밖에 없는 것이, 이혼을 하려는 모든 경우를 미리 법적으로 막는 것은 불가능하다. 그러므로 이 본문은 이혼을 허용하는 것이 아니라, 남자가 굳이 여자를 내어 보내려면 일정한 절차를 밟아야 한다는 것을 규정한다. 그리고 이 규정의 목적은 남자를 위한 것이 아니라 여자를 위한 것이다.

남자가 여자를 버릴 수 있는 조건

이 규정은 남자가 여자를 버리는 경우를 다룬다. 1절에 "사람이 아내를 맞이하여 데려온 후에 그에게 수치되는 일이 있음을 발견하고"라고 되어 있다. 그러므로 이 구절은 남자가 아내를 버리는 하나의 경우를 상정하고 있다. 여기 수치되는 일이라는 말의 히브리어는 '벌거벗은 것'이라는 뜻이다. 그러면 이것이 구체적으로 무엇일까? 예수님 당시 유대교의 양대 학파는 샴마이 학파와 힐렐 학파였는데, 샴마이 학파는 이 잘못을 엄격하게 규정하여 여인이 행실이 옳지 못한 것으로 제한했다. 물론 이것은 간음은 아니다. 간음이라면 돌로 쳐 죽여야 하는 까닭이다. 따라서 이 잘못은 간음까지 가지는 않았지만 여자로서 행실이 단정치 못한 경우를 이르는 것이라고 해석했다. 남자가 여자에게서 그런 흠을 보고 버리는 경우라고 보고 있다. 그에 비해서 힐렐 학파는 아주 사소한 잘못까지 거기에 해당된다고 보았다. 그래서 여자가 밥을 태워도 이혼 사유가 된다고 보았고, 심지어 남자가 자기 마음에 드는 다른 여자를 발견해도 그것이 이혼 사유가 된다고 생각했다. 이렇게 남자가 여자를 버리는 이유에 대한 해석이 달랐는데, 대개 샴마이 학파의 해석이 좀 더 합당한 것으로 보인다.

이혼 증서

이렇게 이혼을 하려면 남자는 일련의 법적인 과정을 거쳐야 한다. 첫째 그녀에게 이혼 증서를 써주어야 한다. 그 증서에는 자신이 그 여인을 자기 집에서 내어 보내며 더 이상 그녀가 자기 아내가 아니라는 사실을 밝히는 증서이다. 이런 법적인 문서를 개인이 마음대로 작성할 수는 없을 것이다. 거기에 일련의 법적인 절차가 있어야 한다. 그런 과정을 거쳐서 남자가 이혼 증서를 작성하면 이제 그는 여자를 자기 집에서 내어 보내는 과정을 거친다. 그것은 공개적으로 이루어지는 과정이지 그저 사적으로 자기 마음에 내키는 대로 할 수 있는 일이 아니다. 이렇게 해서 남자는 여자를 내어 보내게 된다. 이렇게 해야 여자는 그 남자에게서 놓여나 다른 남자와 혼인하여 살 수 있게 된다.

만약 이혼 증서를 써 주지 않으면 여인은 곤란한 지경에 처하게 된다. 당시 사회는 여자가 남자의 보호의 우산이 없이 살 수 없는 사회였다. 그러므로 여자는 다시 누군가의 아내가 되어야 했다. 그런데 만약 이혼 증서가 없는 상태에서 남자의 버림을 받아 다른 남자의 아내가 된다면 문제의 소지가 있게 된다. 그녀를 버린 전남편이 갑자기 나타나서 왜 남의 아내와 사느냐고 문제를 제기할 수가 있는 것이다. 그러므로 남자의 버림을 받는 여인에게 이혼 증서를 써주게 하여 여자가 자유롭게 다른 남자와 재혼할 수 있게 해 주어야 하는 것이다. 이것이 이혼 증서를 써주어야 하는 이유이다.

이 규정을 놓고 바리새인과 예수님 사이에 논쟁이 벌어진 적이 있었다.

> "2 바리새인들이 예수께 나아와 그를 시험하여 묻되 사람이 아내를 버리는 것이 옳으니이까 3 대답하여 이르시되 모세가 어떻게 너희에게 명하였느냐 4 이르되 모세는 이혼 증서를 써주어 버리기를 허락하였나이다 5 예수께서 그들에게 이르시되 너희 마음이 완악함으로 말미암아 이 명령을 기록하였거니와" (막 10:2-5)

바리새인들이 신명기의 이 규정을 들어서 예수님을 시험하려 했다는 사실을 놓고 볼 때, 이것이 당시 바리새인들 사이에 논쟁이 되었음을 짐작하게 된다. 예수님은 혼인에 대한 교훈을 베푸실 때 당연히 이혼을 금하셨다. 그런데 힐렐의 해석에 의하면 여자의 사소한 잘못을 가지고서도 남자는 여자를 버릴 수 있었다. 아마 어떤 사람들은 이 해석에 따라서 쉽게 여자를 버렸을 것이다. 그러므로 그들은 예수님의 교훈에 불만을 품고 이 문제를 들고 나온 것으로 보인다. 아마 '모세는 이혼을 허락했는데 당신은 왜 이혼을 막느냐, 당신은 모세의 가르침을 어기고 있는 것이 아니냐' 하고 비난하려 했는지도 알 수 없다. 그 시험에 대해서 예수님은 정당하게 대답하셨다. 그 규정은 사람의 악함 때문에 허용이 된 것이지 적극적으로 장려한 것이 아니라는 뜻이다. 원래 하나님께서 장려하시는 뜻은 부부가 이혼하지 않고 끝까지 함께 사는 것이다. 그럼에도 불구하고 사람들은 악한 심정으로 이혼을 하고 남자는 여러 가지 이유를 들어서 아내를 내어버렸다. 그런 인간의 악한 현실이 발생하는 것을 피할 수 없으므로, 만약 반드시 그렇게 하려 한다면 차선책으로 여자에게 이혼 증서를 써주어서 내보내라 하신 것이지, 그것이 하나님의 영원법은 아니라는 뜻이다.

이혼과 음행의 문제

어쨌든 이렇게 이혼 증서를 받아서 그 집을 나온 여인은 이제 합법적인 이혼녀가 되어 다른 사람과 혼인할 수 있었다. 하지만 고대 이스라엘 사회에서 이 혼인은 결코 떳떳할 수 없었다. 이혼한 여인이 어쩔 수 없어서 다른 남자와 혼인한다 하더라도 그것은 수치스러운 일이다. 예를 들면 레 21:7에 이런 말씀이 있다.

> "7 그들은 부정한 창녀나 이혼 당한 여인을 취하지 말지니 이는 그가 여호와 하나님께 거룩함이니라" (레 21:7)

이 구절은 제사장의 혼인에 대한 조건이다. 제사장은 기생이나 부정한 여인이나 이혼 당한 여인을 아내로 취하면 안되었다. 또한 14절에는 대제사장의 혼인에 대해서 이런 구절이 있다.

> "과부나 이혼 당한 여자나 창녀 짓을 하는 더러운 여인을 취하지 말고 자기 백성 중에서 처녀를 취하여 아내를 삼아" (레 21:14)

제사장과 대제사장의 혼인이 이러해야 한다는 것은 그것이 온전한 혼인이기 때문이다. 하나님을 가장 가까이서 섬기는 그들은 하나님의 온전하심과 같이 온전해야 한다. 따라서 그들은 혼인을 할 때에도 신부에게 흠이 없어야 한다. 기생이어도 안되고, 부정해도 안되고, 이혼한 여인이어도 안되었다. 이는 이혼이 이미 비정상적이고 악한 일이라는 뜻이다. 있어서는 안될 일이 사람의 악으로 인해서 발생했으나, 보통 사람들 사이에서 있을 수 있는 일이라도 제사장에게서는 허용되지 않는다는 뜻이다. 이렇게 해서 하나님은 백성들에게 더 높고 좋은 표준을 보여주시면서 백성들이 그 목표를 향해서 나아가게 하신 것이다.

이와 관련하여 오늘날 교회에서 이혼을 허용하는 추세가 점점 힘을 얻는 것은 유감스러운 일이다. 이혼을 가볍게 여기고 허용할 뿐만 아니라 심지어 미국의 어떤 교회들에서는 이혼식을 교회에서 해주어야 한다고 주장한다. 혼인을 교회가 축복해 준다면 교회가 이혼을 축복해 주지 못할 이유가 무엇이냐 하는 것이다. 이런 주장을 실제로 하는 사람들이 있는데, 성경에 대해서 얼마나 무지하기에 그런 생각을 하는지 놀라울 뿐이다. 그들은 혼인과 이혼을 인간사에서 동일한 가치를 가지는 것으로 생각하고 있음이 분명하다. 만약 그렇다면 하나님이 자기 모순에 빠진다는 말인가? 혼인을 통해서 남자와 여자에게 복을 주시는 하나님이 그 복에 역행하는 행동에 대해서도 복을 주어야 한다는 것은 언어도단이다. 세상에서도 일관성을 중시하는 사람은 그런 일을 하지 않는 것이다.

그럼에도 불구하고 고대 이스라엘에서도 사람의 죄악으로 인해서 남자가 여자를 버리는 일이 발생하고 여자는 남자의 집을 떠나 다른 사람과 혼인하는 일들이 왕왕 있었다. 그래서 이 여인은 재혼하여 둘째 남편과 함께 살게 되었던 것이다. 여기서 이런 질문을 던질 수 있다. '그러면 원칙적으로 이혼한 여인을 아내로 취하는 것도 허용되지 말아야 하는 것이 아닐까?' 하나님의 법의 원칙으로 보면 그렇다. 그래서 주님은 마 5:31-32에서 이렇게 가르치셨다.

"31 또 일렀으되 누구든지 아내를 버리려거든 이혼 증서를 줄 것이라 하였으나 32 나는 너희에게 이르노니 누구든지 음행한 이유 없이 아내를 버리면 이는 그로 간음하게 함이요 또 누구든지 버림 받은 여자에게 장가드는 자도 간음함이니라"(마 5:31-32)

이 구절도 이혼 증서를 주어 아내를 버리는 악행을 배경으로 하고 있다. 당시 이스라엘 사람들은 이 규정을 근거로 이혼을 쉽게 생각하는 악습 속에 빠져 있었음이 분명하다. 하지만 그들은 이혼이 어떤 결과를 초래하는지에 대해서 깊은 이해를 가지고 있지 못했다. 주님의 가르치심에 의하면 음행한 연고 없이 아내를 버리는 자는 아내로 하여금 간음하게 하는 것이다. 이는 아내를 버릴 수 있는 정당한 이유가 음행임을 천명하는 말씀이다. 사실 이스라엘 사회에서 여자가 음행을 하면 버리고 말고 할 여지가 없다. 그대로 돌로 쳐 죽여야 하는 까닭이다. 이는 음행한 사람은 죽은 사람으로 간주되어야 함을 의미한다. 따라서 배우자가 음행을 했을 때에는 그가 죽은 사람이므로 당연히 혼인의 효력이 폐지된다. 혼인의 구속력은 양편이 살아 있을 때 지속되는 것이지 배우자가 죽은 다음에도 여전히 혼인 관계가 유지되는 것은 아니다. 그러므로 음행은 실질적으로 혼인의 종결을 의미한다. 따라서 음행한 배우자를 버리는 것은 아무 문제가 없다.

그런데 음행한 연고 없이 아내를 버리는 자가 아내로 하여금 간음을 범하게 한다는 것은 무슨 뜻일까? 음행한 연고 없이 아내를 버린다는 말은 정당한 이유가 없이 아내를 버린다는 뜻이다. 그러므로 부당하게 아내를 버린 경우에는 부부 관계가 깨어진 것이 아니다. 비록 남편은 아내를 버렸지만 그들은 여전히 부부이다. 그런데 버림을 받은 여인이 다른 남자와 혼인하면 이 여인은 전남편과 여전히 부부인 상태에서 다른 남자와 혼인을 하니 결국 간음을 범하는 결과가 되고 만다. 또한 그런 여자를 아내로 맞이하는 남자는 어떻게 되는가? 그도 역시 간음을 범한 결과가 된다. 남편이 있는 여자와 혼인을 했으니 간음을 범한 것이다. 이것이 주님께서 친히 가르치신 원칙이며 부부에 대해서 하나님께서 원래 가지신 거룩한 법이다. 부부 관계는 하나님께서 인정하시는 정당한 사유 없이 깨어지지 않는다. 자기들은 이혼했다 하더라도 하나님 앞에서는 여전히 부부이다. 그래서 주님께서는 "하나님이 짝지어 주신 것을 사람이 나누지 못할지니라"(마 19:6)고 가르치신 것이다.

이와 같이 버림 받은 여인에게 장가 드는 자는 간음을 범하는 것이지만 사람 사는 세상에서는 그런 일들이 실제로 많이 발생한다. 그래서 이 신명기 본문은 그런 현실을 두고 이야기하는 것이다. 이런 구절을 근거로, 부당하게 헤어진 사람과의 재혼을 성경이 인정하는 것으로 오해하면 안된다. 그런데 이 둘째 혼인에서도 역시 문제가 생겨서 남자가 이혼 증서를 주어 여자를 내보낸다. 이렇게 되면 관례상 그 여자는 다시 다른 남자에게 갈 수 있다. 아니면 이혼 증서를 써서 내보내기 전에 둘째 남편이 죽었다면 여자는 더욱 다른 남자에게 갈 수 있다. 왜냐하면 둘째 남편에게서 놓여났기 때문이다. 그래서 이 여인이 다른 남자에게는 갈 수 있다 하더라도 전남편이 그녀를 다시 취하지는 못한다는 것이 이 규정의 내용이다.

하나님의 법의 원칙으로 보았을 때, 음행한 연고 없이 아내를 버리면 아내로 하여금 간음하게 하는 것이고, 버림 받은 여인을 아내로 맞이하는 사람도 간음하는 것이다. 그럼에도 불구하고 이런 일이 타락한 사람들 사이에서 발생한다. 그러므로 사람들의 악함으로 인해서 그런 일까지 막지는 않으신다. 만약 그것까지 막으면 한번 이혼한 남자나 여자는 영원히 혼인할 길이 없어지고 그렇게 되면 타락한 사람들 사이에서 성범죄가 만연할 것이 분명하다. 이런 현실 때문에 사도 바울도 이렇게 가르쳤다.

> "8 내가 결혼하지 아니한 자들과 과부들에게 이르노니 나와 같이 그냥 지내는 것이 좋으니라 9 만일 절제할 수 없거든 결혼하라 정욕이 불 같이 타는 것보다 결혼하는 것이 나으니라" (고전 7:8-9)

그러므로 버림 받은 여인이 다른 남자에게 가는 것을 하나님께서 허용하신 것은 정욕으로 인한 범죄를 막기 위함이다.

전남편에게 돌아가는 문제

이런 유보 조항이 있다고 하더라도 더 이상 용인할 수 없는 일이 있다. 자기가 버려서 다른 남자에게 갔던 여인을 다시 자기 아내로 취하는 것은 허용되지 않는다. 그 이유는 "그 여자는 이미 몸을 더럽혔은즉"이라고 되어 있다. 첫 남편의 입장에서 보았을 때 그녀는 간음을 범함으로 부정한 여인이 된 것이다. 자기의 아내이면서 다른 남자의 아내가 되었으니 이 남자의 입장에서 보았을 때 분명히 간음을 범한 셈인데 그 여자를 다시 아내로 맞이하는 일은 허용할 수 없다는 것이다. 이것은 이혼녀를 아내로 맞이하는 경우와 다르다. 이혼녀를 아내로 맞이하는 경우, 둘째 남편의 입장에서 보면 그녀가 자기를 배반하고 간음을 범한 것은 아니다. 그러나 자기 아내였다가 다른 남자에게 갔던 여인은 자기를 배반하고 간음을 범한 것이나 마찬가지이다. 그래서 그녀는 몸을 더럽힌 것이다. 그렇다면 그런 경우에 그녀를 다시 아내로 맞아들인다면 결국 이 남자는 적극적으로 간음을 용인하는 결과밖에 되지 않는다. 그러므로 그런 경우에 그 여인을 다시 아내로 맞이하지는 못하게 되어 있다.

이 규정은 아내를 내어버리는 관행이 부당한 것임을 명확하게 천명한다. 설사 여자에게서 수치스러운 일이 발견되었다 하더라도 그로 인해서 여인을 버릴 수는 없다는 것이다. 그렇게 버린다고 해서 그녀와의 관계가 깨끗이 정리된 것이 아니라는 뜻이다. 만약 그녀와의 관계가 깨끗이 정리되었다고 한다면 그녀가 두 번째 남자와 살다가 자기에게 돌아오는 것이 문제될 것이 없어야 한다. 성격상 자기가 세 번째 남자와 같아지기 때문이다. 그러나 그 관계가 정리되지 않았기 때문에 그녀가 이 남편에게 부정한 여인이 된 것이다.

그리고 거기에 경고가 붙어 있다.

> "이 일은 여호와 앞에 가증한 것이라 너는 네 하나님 여호와께서
> 네게 기업으로 주시는 땅을 범죄하게 하지 말지니라"(신 24:4하)

이 표현은 흥미롭다. 만약 남편이 다른 남자에게 갔던 아내를 다시 취한다면 이는 가증한 일이며 그 땅으로 하여금 죄를 범하게 하는 결과가 된다. 땅이 죄를 범한다는 말이 의외이지만 구약에 보면 땅이 이스라엘 백성의 도덕성의 영향을 받는 것으로 가르친다. 이것은 이미 사람이 타락했을 때에 가르쳐진 원리이다.

> "땅은 너로 말미암아 저주를 받고 너는 네 평생에 수고하여야
> 그 소산을 먹으리라 18 땅이 네게 가시덤불과 엉겅퀴를 낼 것
> 이라"(창 3:17하-18상)

이는 사람의 생명이 땅과 엮여 있기 때문이다. 사람은 흙으로 지음을 받았고 땅은 사람의 삶의 터전이다. 따라서 사람들의 죄는 땅을 더럽힌다. 그런데 그 땅의 주인은 하나님이다. 그러므로 하나님께서는 자신의 땅이 더럽혀지는 것을 묵과하지 않으신다. 가나안 족속은 그 땅을 더럽힌 결과 그 땅에서 축출되었다. 이는 땅이 더러워지다 못해서 마침내 그 거민을 토하여 내기 때문이다.

> "24 너희는 이 모든 일로 스스로 더럽히지 말라 내가 너희 앞
> 에서 쫓아내는 족속들이 이 모든 일로 말미암아 더러워졌고 25

그 땅도 더러워졌으므로 내가 그 악으로 말미암아 벌하고 그 땅
도 스스로 그 주민을 토하여 내느니라"(레 18:24-25)

이 동일한 원리가 이스라엘 백성에게도 적용된다. 그들이 언약을 지키는 한 그 땅이 그들에게 허락될 것이다. 그러므로 땅은 이스라엘 백성과 공동의 운명으로 엮여 있다. 백성이 더러워지면 땅이 더러워진다. 그러면 하나님께서 땅을 심판하실 것이고, 그 땅에 사는 백성이 역시 심판을 받는다. 그러면 그 땅은 과거 가나안 백성을 토해 내었듯이 이스라엘 백성을 토해 낼 것이다. 이스라엘 역사가 바로 그렇게 진행되었음을 우리 모두는 알고 있다. 그러므로 이스라엘의 남자들은 자기가 버려서 다른 남자에게 갔던 여자를 다시 데려다가 아내로 삼는 일을 하지 말아야 한다. 즉 간음을 그들 중에서 용납하지 말아야 하는 것이다.

깰 수 없는 혼인의 결속

결론적으로, 이 규정은 혼인의 성격에 대해서 중요한 진리를 가르친다. 혼인을 통해서 두 사람이 부부가 되면 그 두 사람의 관계는 자기들 마음대로 깰 수 없다는 것이다. 그들이 자기 멋대로 이혼한다 하더라도 부부 관계가 깨어지지는 않는다. 그런 까닭에 정당한 이유 없이 이혼한 여인에게 장가드는 사람은 간음을 범하는 것이다. 이런 법이 엄연히 있음에도 불구하고 자기가 부당하게 버린 여인이 다른 남자에게 갔다가 거기서 이혼했다고 다시

아내로 맞아들이는 것은 있을 수 없는 일이다. 연예인들 중에 문란한 결혼 생활을 하면서 이혼해서 다른 사람과 살다가 다시 재결합하고 하는 일이 있는데 대단히 수치스러운 일인 줄 알아야 한다.

그런데 만약 하나님의 백성이 우상에게 빠져 다른 신을 섬기다가 다시 하나님께 돌아오면 하나님께서 그를 받아들일 수 있을까? 이스라엘 백성은 하나님과 혼인한 관계이다. 그런데 그가 하나님을 떠나 다른 신을 섬기면 하나님의 편에서 보았을 때 이스라엘은 간음을 범한 것이다. 이럴 경우 원래 남편이었던 하나님이 이스라엘을 다시 받아들일 수 있을까? 이 신명기 법에 의하면 그럴 수 없다. 예레미야가 바로 이 문제를 거론했다.

> "1 그들이 말하기를 가령 사람이 그의 아내를 버리므로 그가 그에게서 떠나 타인의 아내가 된다 하자 남편이 그를 다시 받겠느냐 그리하면 그 땅이 크게 더러워지지 아니하겠느냐 하느니라 네가 많은 무리와 행음하고서도 내게로 돌아오려느냐 여호와의 말씀이니라 2 네 눈을 들어 헐벗은 산을 보라 네가 행음하지 아니한 곳이 어디 있느냐 네가 길 가에 앉아 사람들을 기다린 것이 광야에 있는 아라바 사람 같아서 음란과 행악으로 이 땅을 더럽혔도다" (렘 3:1-2)

그러면 우상을 숭배하던 백성이 그 죄를 회개하고 돌아오면 하나님이 받아들이실까? 하나님께서는 그렇게 회개하고 돌아오면 받아들이시겠다고 약속하셨다. 호세아를 통해서 이스라엘의 모든 음란한 죄를 질타하신 후에 하나님은 이렇게 말씀하신다.

> "14 그러므로 보라 내가 그를 타일러 거친 들로 데리고 가서 말로 위로하고 15 거기서 비로소 그의 포도원을 그에게 주고 아골 골짜기로 소망의 문을 삼아 주리니 그가 거기서 응대하기를 어렸을 때와 애굽 땅에서 올라오던 날과 같이 하리라 16 여호와께서 이르시되 그 날에 네가 나를 내 남편이라 일컫고 다시는 내 바알이라 일컫지 아니하리라 17 내가 바알들의 이름을 그의 입에서 제거하여 다시는 그의 이름을 기억하여 부르는 일이 없게 하리라" (호 2:14-17)

이것이 하나님의 사랑의 아이러니이다. 하나님은 그 백성을 사랑하시되 끝까지 사랑하신다. 그들이 아무리 죄를 범해도 진정으로 회개하기만 하면 언제든지 받아 들이신다. 이 위대한 이해할 수 없는 하나님의 사랑은 어떠한 죄를 범했다 하더라도 자기의 죄를 진정으로 깨닫고 회개하는 죄인의 모든 죄를 사하신다. 그렇게 할 수 있기 위해서 값으로 칠 수 없고 그 속죄의 세력이 영원하고 완전한 아들의 피로 구원의 길을 내신 것이다. 이 구속의 강력한 힘은 하나님을 버리고 이방의 신을 섬겨 간음을 범한 백성의 죄라도 용서하여 하나님께 받아들여지게 하는 것이다.

결론

자기가 이혼 증서를 써서 내보낸 여인을 다시 아내로 받아들일 수 없다는 이 규정은 혼인의 신성함을 다시 한번 분명하게 보여준다. 에베소서에서 사도 바울이 가르친 혼인의 원리는 처음부터 하나님께서 세우신 대원칙이었다. 이 원칙이 구약의 율법에 스며들어 있는 것을 지금까지 보았다. 하지만 동시에 타락한 인간 세상에서 이상적인 혼인을 구현하기가 얼마나 어려운지를 우리 모두 알고 있다. 비정상적인 남녀 관계에 대한 율법의 조문이 적지 않다는 것은 그 시대에도 남녀의 관계가 쉽지 않았다는 반증이다.

이것은 오늘날에도 마찬가지이다. 가정 폭력, 이혼, 간음은 너무나 흔하지만 여전히 심각한 사회 문제이다. 거기서 성경이 보여주는 두 가지 현실 속에서의 갈등을 동일하게 느끼게 된다. 하나님의 거룩하고 완전한 규칙은 분명하지만, 타락한 인간 세상의 현실은 다양한 방식으로 차선의 접근법을 마련해야 한다는 것이다. 하나님께서는 처음부터 일부일처를 원칙으로 세우셨지만, 이스라엘의 사회 현실 때문에 일부다처제를 허용하셨다. 하나님께서는 처음부터 이혼을 원하지 않으셨지만, 사람들이 부당하게 이혼을 하니까, 그렇다면 이혼 증서를 써 주라고 명하셨다. 하나님은 전쟁을 원하지 않으시지만 사람들이 계속해서 전쟁을 하니까, 전쟁을 하려면 민간인을 죽이지 말라고 명하셨다. 이런 식이다. 하나님의 완전한 법은 있지만 사람의 현실이 거기에 미치지 못하니, 그 현실에서 지키고 살 수 있는 차선의 법이 필요한 것이다.

그렇다고 해도 하나님께서는 일체의 악을 용인하지 않으심을 기억해야 한다. 차선의 규칙들은 그것을 통해서 완전한 세계로 나아가기 위한 수단이지 그 악을 용인하는 것이 아니다. 바리새인들은 이 원리를 오해하여 이혼 증서를 써주기만 하면 마음대로 이혼해도 되는 줄 착각했다. 이것은 신자의 모든 생활에서도 마찬가지이다. 하나님께서는 우리의 연약 때문에 최선을 명하시는 대신 차선을 허용하실 때가 있다. 그러나 차선을 허용하신다고 해서 최선을 포기해도 좋다는 뜻이 아니다. 그 차선은 최선으로 향해 올라가는 디딤돌이 되어야 한다.

오늘날 많은 사람들이 다양한 방법으로 혼인의 파괴를 경험하고 있다. 그렇다면 결국 차선책을 찾아야 한다. 그러나 그 차선책은 반드시 최선을 향한 계단이 되어야 한다. 그러기 위해서 우리에게는 지혜를 구하는 진지하고 열렬한 기도가 필요하다.

11
죽은 형의 후사를 이어주는 의무

5 형제들이 함께 사는데 그 중 하나가 죽고 아들이 없거든 그 죽은 자의 아내는 나가서 타인에게 시집 가지 말 것이요 그의 남편의 형제가 그에게로 들어가서 그를 맞이하여 아내로 삼아 그의 남편의 형제 된 의무를 그에게 다 행할 것이요 6 그 여인이 낳은 첫 아들이 그 죽은 형제의 이름을 잇게 하여 그 이름이 이스라엘 중에서 끊어지지 않게 할 것이니라 7 그러나 그 사람이 만일 그 형제의 아내 맞이하기를 즐겨하지 아니하면 그 형제의 아내는 그 성문으로 장로들에게로 나아가서 말하기를 내 남편의 형제가 그의 형제의 이름을 이스라엘 중에 잇기를 싫어하여 남편의 형제 된 의무를 내게 행하지 아니하나이다 할 것이요 8 그 성읍 장로들은 그를 불러다가 말할 것이며 그가 이미 정한 뜻대로 말하기를 내가 그 여자를 맞이하기를 즐겨하지 아니하노라 하면 9 그의 형제의 아내가 장로들 앞에서 그에게 나아가서 그의 발에서 신을 벗기고 그의 얼굴에 침을 뱉으며 이르기를 그의 형제의 집을 세우기를 즐겨 아니하는 자에게는 이같이 할 것이라 하고 10 이스라엘 중에서 그의 이름을 신 벗김 받은 자의 집이라 부를 것이니라 (신 25:5-10)

규정의 배경

고대에는 남자가 아내를 남겨두고 먼저 죽는 일이 많았다. 잦은 전쟁으로 인해서 남자들이 더 많이 죽었던 것이다. 따라서 오늘날보다 고아와 과부가 더 많이 생겨났다. 그런 까닭에 구약에 고아와 과부의 처우에 대한 언급이 많다. 이 규정도 그런 문제에 대한 처리 방식을 규정한다. 이 규정은 혼인한 남자가 아들이 없이 아내를 홀로 남겨두고 죽었을 경우에 어떻게 해야 하는지를 가르친다. 이스라엘 사회에서 남자가 아들이 없이 죽는다는 것은 단순히 자기의 대가 끊겼다는 사실 때문만이 아니라 하나님의 언약적 복을 계승할 후손이 없다는 면에서 더 큰 비극이었다.

하나님은 아브라함과 언약을 맺으면서 "7 내가 내 언약을 나와 너 및 네 대대 후손 사이에 세워서 영원한 언약을 삼고 너와 네 후손의 하나님이 되리라 8 내가 너와 네 후손에게 네가 거류하는 이 땅 곧 가나안 온 땅을 주어 영원한 기업이 되게 하고 나는 그들의 하나님이 되리라"(창 17:7-8)고 말씀하셨다. 하나님은 아브라함의 하나님만이 아니라 아브라함의 후손에게도 하나님이 되실 것이다. 아브라함이 하나님의 백성이 된 것은 우연히 된 것이 아니라 그와 그의 후손, 곧 아브라함으로 말미암아 지상에 존재하게 될 그의 모든 후손에 대한 하나님의 선택과 섭리의 결과였다. 그래서 아브라함의 모든 후손은 할례를 받음으로 자기들이 그 후손임을 선언하고 믿으며 그 언약대로 살아야 했다. 개혁 교회는 이 동일한 원칙을 신약 교회에도 그대로 적용하여 유아 세례를 주고 신자의 자녀에게 그들이 언약의 자손임을 가르치며 언약에 순종할 것을 가르친다. 이것이 하나님의 언약의 성격을 이해하고 믿는 개혁 교회의 중요한 관행이다. 이 진리를 충분히 깨닫지 못하는 다른 교파에서는 유아 세례를 거부한다. 워필드는 유아 세례에 대한 논쟁을 다룬 긴 논문에서 이 문제를 상세히 설명한 후에, 성경적인 신앙을 견지하고자 하는 침례교가 이 신학적인 교리를 충분히 알지 못해서 유아 세례를 거부하지만 그것이 그리스도 안에서 신앙의 교제를 나누지 못할 이유가 되지는 않는다고 밝힌 바가 있다.

규정의 내용

어쨌든 남성이 가문을 계승하던 고대 이스라엘에서는 이런 이유로 남자가 아들이 없이 죽는다는 것은 비극이었다. 그런 경우에 죽은 남자의 형제가 그 여인을 아내로 맞이해야 했다. 이 때 죽은 남자의 형제는 멀리 떨어져 살던 사람이 아니라 같은 가족으로 살던 사람이어야 했다. 고대 이스라엘은 대가족 제도를 유지하고 있었으므로 늘 함께 보면서 가까이 지내던 남편의 형제가 그녀를 아내로 맞이하라는 것이다. 그러나 이 혼인의 궁극적인 목적은 그 두 사람이 부부가 되는 것이 아니라 죽은 남자를 위한 후손, 특별히 아들을 얻는 것이었다. 이렇게 되려니까 혼인하는 것이다. 이 혼인에 의해서 아들이 태어나면 죽은 남편의 재산과 가문의 이름이 그 아들에게 넘어간다. 그의 친부는 죽은 자기 형제의 후손을 위해서 아들을 낳아주는 역할만을 하는 것이다.

그런데 만약 죽은 남자의 형제가 이 의무를 이행하지 않기로 작정하고 거부하면 어떻게 되는가? 그럴 경우에는 일련의 법적 절차를 밟게 된다. 먼저 그것을 거부한 형제와 과부가 함께 성문으로 간다. 성문은 장로들이 앉아서 백성 사이에서 발생한 송사나 분쟁을 해결하는 일을 하는 곳이다. 그리로 나아가서 여자는 "내 남편의 형제가 그의 형제의 이름을 이스라엘 중에 잇기를 싫어하여 남편의 형제 된 의무를 내게 행하지 아니하나이다"라고 선언한다. 이 선언을 들은 성읍의 장로들은 그 남자에게 그것이 사실인지 확인한다. 그러면 남자는 "내가 그 여자 맞이하기를 즐겨하지 아니하노라"는 말로 자신이 죽은 형제의 아내를 자기 아내로 취하여 형제의 의무를 이행할 의사가 없음을 명백하게 선언한다. 그 다음에는 "9 그의 형제의 아내가 장로들 앞에서 그에게 나아가서 그의 발에서 신을 벗기고 그의 얼굴에 침을 뱉으며 이르기를 그의 형제의 집을 세우기를 즐겨 아니하는 자에게는 이같이 할 것이라"고 선언하므로 그 남자에게 수치를 준다. 이 수치는 의무를 거부한 개인에게만 국한되는 것이 아니라 그가 속한 집안 전체에 해당된다. "10 이스라엘 중에서 그의 이름을 신 벗김을 받은 자의 집이라 부를 것이니라"(신 25:7-10). 즉 그 집에 "신 벗김을 받은 자의 집"이라는 별명이 붙어 다니게 하라는 뜻이다. 명예와 수치를 중요히 여기는 고대 이스라엘 사회에서 이런 벌칙은 대단히 고통스러운 것이며 사람들은 가능하면 이런 일을 피하려 했을 것이다.

후손을 잇는 일의 의미

　이 절차에서 궁금증은 그 남자가 왜 그렇게 수치를 당해야 하느냐 하는 것이다. 남녀의 감정은 미묘해서 아무리 죽은 형제의 아내에게 그런 의무를 이행해야 한다는 규정이 있다 하더라도 여자가 남자의 마음에 들지 않으면 절대로 그녀와 부부가 되는 것을 원치 않을 수 있는 것이다. 오늘날의 기준으로 보면 그런 경우에 남자가 그것을 거부하는 것이 도리어 당연하게 보인다. 특히 그것이 부부가 되어 자녀를 낳아야 하는 일이라면 더욱 그렇다. 그러므로 그것을 거부하는 이 남자의 결정은 정당하고 그것을 가지고 그와 그 가문에 큰 창피를 주는 이 율법의 조문이 과도하게 비인간적인 것처럼 보일 수도 있다. 한시도 함께 하기 싫은 여자와 혼인하여 아이까지 낳으라는 것이 어떻게 공평한 법이라 할 수 있는가? 그런 경우를 대비해서 이 규정은 남자가 그 의무 이행을 거부할 수 있는 여지를 허용한다. 최후에는 강제로 안되는 일이기 때문이다. 하지만 그렇게 해서 그녀를 아내로 데려와 아들을 낳아주는 의무를 거부한 이 남자는 의무를 불이행한 사람이라는 수치를 당해야 한다.
　여기서 아들 없이 죽은 형제의 아내에게 아들을 낳아주게 하는 이 의무 이행의 의미를 다시 묻게 된다. 거기에 어떤 의미가 있기에 그것을 거부하는 것이 개인뿐만 아니라 가문 전체의 수치가 되는가? 그것이 어떤 의무이기에 개인의 사랑의 감정이나 호불호의 감정을 초월하여 이행해야 하느냐 하는 것이다. 만약 이 의무 이행이 단지 인간의 일로만 한정된다면 그것의 불이행이 그렇게 수치스러운 일로 간주되지 않았을 것이다. 하지만 앞에서 보았듯이 이것이 하나님의 언약과 관련된 일이므로 이 의무의 이행은 이스라엘 공동체의 존재 목적, 그들의 사회적 구성의 근간에 연결되는 중요한 일이다.

하나님의 언약은 아브라함에게 주어졌다가 그 후에는 아브라함을 떠나 전혀 다른 사람에게 넘어가는 식으로 되어 있지 않다. 그 언약은 아브라함과 그 후손을 대상으로 하고 있다. 물론 이 후손의 궁극적인 의미는 뒤에 그리스도를 통해서 성취되지만 그렇다고 해서 아브라함의 아들 이삭, 이삭의 아들 야곱, 야곱의 열 두 아들, 그리고 그 열 두 아들에게서 퍼져 나가는 이스라엘 백성 열 두 지파가 중요하지 않은 것이 아니며 그들이 언약의 대상이 아닌 것이 아니다. 구약에서 후손에 대한 언약은 직접적으로는 자기 아들의 아들을 통해서 내려가는 가문의 계대에 적용되었던 것이다. 그러므로 아들을 낳고 그 아들에게 율법을 가르쳐 지키게 하는 일은 이스라엘 백성의 존재 목적 그 자체와 연결되었다. 아들이 없거나, 아들이 할례를 받지 않거나, 아들이 율법을 지키지 않는다면 그들의 존재 목적 자체가 없는 것이다. 레위기 18:16; 20:21에 의하면 형제의 아내를 취하지 못하도록 되어 있다. 그럼에도 불구하고 사람이 아들이 없이 죽으면 그의 형제가 그를 아내로 취하도록 예외 규정을 둔 것은 사람이 언약의 후손을 가지는 것이 이렇게도 중요했던 까닭이다.

의무 불이행의 의미

 이 중요한 정신을 하나님께서는 이런 율법을 통해서 가르치신 것이다. 어떤 구약 학자들은 이 규정을 순전히 재산권 같은 사회적 측면으로만 보려 하는데 이는 구약의 언약의 원리를 충분히 이해하지 못한 결과이다. 도리어 이 규정은 거기서 언약의 정신을 배우라는 것이다. 또한 이 정신을 가지고 그에 충실하게 사는 것은 남녀간의 사랑이나 여성에 대한 취향이나 자기의 호불호에 의해서 좌우될 수 없다. 자기가 그 여인을 사랑하든 말든, 자기 취향이든 아니든, 그것과 무관하게 형제에 대한 자기의 의무를 다 해야 한다는 것이다.

 그렇다면 이 의무 이행을 거부하는 사람은 어떤 사람인가? 그는 이스라엘 사회의 존재 목적을 모르는 사람이다. 자기들의 존재 의미가 아브라함과 그 후손에 대한 언약에 있다는 것을 모르고 그저 세상에서 사는 것이 자기 삶의 모든 것인 줄 알고 사는 사람이다. 만약 그 남자가 그런 사람이라면 그가 속한 가문도 그러리라는 것을 알 수 있다. 그 가문이 그렇게 세속적이어서 영적인 문제에 대해 암매하니까 그 아들이 그런 생각을 하고 자기 의무를 이행하지 않겠다고 나선다는 것이 이 규정의 판단이다. 그래서 이 수치가 그 아들 한 사람으로 제한되지 않고 가족 전체에게 적용되는 것이다. 동시에 그 아들의 결정에 가족 전체가 연루되었다는 것을 전제하기도 한다. 당시 이스라엘 사회는 가족이 기본적인 사회 단위가 되어 움직이는 까닭에 한 개인이 자기 마음대로 무엇을 결정하기가 쉽지 않았다. 그래서 이 수치가 가문의 수치가 되는 것이다.

감정과 의무이행

여기서 얻을 수 있는 교훈은 때로 의무 이행이 감정보다 더 중요하다는 사실이다. 오늘날은 감정이 매우 중요시되는 시대가 되어서, 감정이 허락하지 않는 일은 하지 않아야 한다는 생각이 널리 퍼져 있다. 부부 사이에도 사랑의 감정이 없어지면 같이 사는 것보다 이혼하는 것이 낫다고들 생각한다. 하지만 신명기의 이 규정은 하나님 나라의 백성은 때로 감정을 접고 의지의 힘을 발휘하여 의무를 이행해야 할 경우가 있음을 가르친다. 이것이 정당하다. 감정은 시간이 지나면 변할 수 있지만 이행해야 하는 의무는 변하지 않고 항상 거기에 있기 때문이다. 그러므로 거룩한 의무는 우리의 감정이나 호, 불호에 선행된다는 것이다. 하나님 앞에서 마땅히 행해야 하는 의무는 우리가 좋으면 하고 싫으면 안 해도 되는 것이 아니다. 그것은 신성한 하나님의 명령이므로 반드시 순종해야 한다.

앞에서 처녀가 남자에게 강간 당했을 때에 그 남자와 부부가 되어야 한다는 법을 보았다. 물론 오늘날 그 법을 기계적으로 적용할 수는 없다. 고대 사회에는 대개 이런 일이 작은 공동체 내에서 발생하므로 그 사람들이 대부분 서로 잘 아는 사람들일 경우가 많았다. 그러므로 그런 경우 서로 혼인하도록 하는 법이 실행 가능했지만 오늘날 성범죄자에게 강제로 당했다고 해서 그와 혼인하라고 할 수는 없다. 그럴지라도 그 법의 정신은 분명하다. 혼인의 순결이 최후의 관건인 것이다. 성관계는 오직 부부 사이에만 허용된다. 그리고 이 일은 일생 동안 오직 한 사람과만 맺게 되어 있다. 그런 원칙이 있으므로 처녀가 강간을 당했다 하더라도 그 남자와 혼인하라고 되어 있는 것이다. 또 앞에서 본 것처럼 신랑이 첫날 밤을 지내고 버리려 했던 여인과도 죽을 때까지 같이 살아야 한다. 그리고 우리가 보고 있는 규정에서는 자기가 싫어하는 여자라 하더라도 형제가 아들이 없이 죽으면 형제를 위해서 그녀가 아들을 낳도록 해주어야 한다. 이 모든 규정들은 자기의 감정이나 호불호를 포기하고 하나님이 마땅히 지정하신 의무를 이행해야 한다는 정신을 가르친다. 자기의 마음 상태가 어떠하든지 의무는 충실히 감당해야 한다. 이것이 하나님 나라 백성이 중요히 받아야 하는 훈련의 하나이다.

인도주의적 요소

이 규정에서 놓치지 말아야 하는 또 하나의 요소는 이것이 죽은 남편의 대를 잇는 것 뿐만 아니라 남편을 잃은 여인을 위한 최선의 배려라는 것이다. 신명기 25:5은 "그 죽은 자의 아내는 나가서 타인에게 시집 가지 말 것이요"라고 명한다. 이 말은 남편을 잃고 아들이 없는 여인, 곧 의지할 데가 전혀 없는 여인의 상태를 상정한다. 모든 면에서 남자가 주도권을 쥐고 여인은 오직 남자에게 부속된 삶을 살던 그 시대에 남편과 아들이 없는 여인은 혼자 살아갈 수가 없었다. 여인이 그런 지경에 떨어지면 원래 남편의 집을 떠나 다른 곳으로 시집을 가지 말라는 것이다.

어느 시대에나 그렇지만 여인이 자기의 집을 떠나 남편의 집에 가서 산다는 것은 쉬운 일이 아니다. 모든 가정은 나름의 문화를 형성하게 마련이다. 부모와 자녀의 관계도 다 제각각이고, 형제 간의 관계도 제각각이다. 어렸을 때에는 세상의 모든 가정이 다 자기네 가정과 같으려니 하고 생각하지만 나이가 들고 경험이 쌓이면 그렇지 않다는 것을 깨닫게 된다. 여인의 경우, 시집에 가서 살 때에 그런 것을 가장 강력하게 느낄 것이다. 그것은 문화적 충격이며 거기에 적응하기 위해서 여인들은 상당한 시간 동안 인내를 발휘해야 한다. 그렇게 해서 마침내 시집과 남편에게 적응하여 살던 도중에 그만 아들을 낳기도 전에 남편이 죽음으로 여인은 의지가지가 없는 지경에 떨어진 것이다.

만약 이 여인이 죽은 남편의 집안을 떠나 다른 집으로 시집을 간다고 가정하면, 그 여인은 다시 한번 전혀 낯선 집안의 분위기와 문화를 처음부터 익혀야 한다. 또 다른 인고의 시간을 보낼 가능성이 높다. 또한 그 여인을 새로 맞이한 집안에서는 그 여인에 대해서 곱지 않은 시선을 보낼 가능성이 높다. 고대에는 아들을 낳지 못하는 것이 흠이었는데, 게다가 남편과 사별하기까지 했으니 사람들은 그런 여인에 대해 팔자가 세다고 말하기도 하고, 혹은 불길한 여인이라는 생각까지 할 수도 있다. 그렇다면 이 여인에게 최선은 자기가 시집 와서 적응하여 살던 그 집에서 사는 것이었다.

  그런데 남편도 없고 아들도 없는 여인은 혼자 설 수 없는 사회이니 누군가가 그녀의 우산이 되어 햇빛과 비를 피하게 해주어야 했다. 지금 이 율법은 그 역할을 죽은 남편의 형제들이 해주라는 것이다. 오늘날의 눈에는 괴이하게 보이는 이 법이 당시의 사회 상황과 이 여인의 처지를 보면 최선의 법인 것을 짐작할 수 있다. 이미 남편이 죽었으니 그녀가 다른 남자에게 가도 간음죄는 성립되지 않는다. 당시의 상황에서 어차피 남자는 여러 명의 아내를 두는 경우가 많았다. 그러므로 그 중의 한 명으로 이름을 올리고 그를 의지하여 살면서 아들을 낳기를 바라는 것이다. 그렇게 해서 아들이 태어나면 이제 그 아들은 죽은 남편의 명의와 재산을 물려 받아 다시 한 가정을 세울 것이다. 그러면 그녀는 태어난 아들에 대한 소망을 가지고 힘있게 삶을 영위할 수 있었을 것이다. 성장하여 가정을 이룬 아들은 자기 어머니의 보호자와 후견인이 될 수 있었기 때문이다.

  이 규칙이 외적으로는 죽은 남편의 후사를 잇기 위한 것으로 보인다. 하지만 이 규칙은 남편의 후사를 잇기 위한 목적으로 여인은 아무렇게나 되어도 좋다는 법이 아니다. 아들이 없이 죽은 남편과 의지가지 없는 과부가 된 그녀를 위해서 하나님께서는 이런 법을 내셨던 것이다. 당연히 이 일은 가족 전체의 문제가 되었다. 당시 이스라엘 사회는 대가족제도를 유지하고 있었으므로 아들이 없는 여인을 놓고 온 가족이 모여서 회의를 했을 것이다. 만약 죽은 아들의 형제가 많았다면 그를 대신해서 그 여인의 남편이 되어줄 형제가 누가 될지에 대해서도 의논을 해야 했을 것이다. 만약 형제가 하나 뿐이라면 다른 대안이 없었다. 그런 과정 속에서 그 가족은 며느리로 맞은 그 여인의 미래를 위해 모두 염려하고 지혜를 짜내야 했다. 이런 과정 속에서도 그 여인은 위로를 받을 수 있었을 것이다.

고대 사회에서는 이것이 율법으로 규정되기 전에 이미 사회의 관습으로 굳어져 있었던 것을 짐작할 수 있다. 창세기 38장에 보면 유다의 아들 엘이 다말이라는 여인과 혼인했다가 여호와의 징계를 받아 아들이 없이 죽는다. 그러자 유다는 다른 아들인 오난에게 다말이 아들을 낳도록 하라고 명한다. 그러나 오난이 그 의무를 의도적으로 피하자 하나님께서 그 악행으로 인하여 오난까지도 죽이신 기록이 있다. 이는 형제가 죽은 다른 형제의 대를 이어주는 것이 얼마나 중요한 일이었는지를 보여 준다.

이미 지적했지만 이 법은 남자의 대를 이어주기 위해서 다른 사람이 희생 당해도 좋다는 뜻이 아니다. 거기에는 아들의 죽음을 당한 가정이, 죽은 아들과 과부로 남은 여인을 위해서 그 가정이 취할 수 있는 최선의 정책이 가르쳐진 것이다.

결론

하나님께서는 모든 부부가 타락하기 이전의 아담과 하와의 관계를 닮기 원하셨고, 그 과정에서 그리스도와 교회의 관계를 드러내기를 원하셨다. 이것은 하나님의 영원하고 완전한 뜻으로써 결코 변하지 않으신다. 하지만 인간의 죄악의 현실로 인해서 사람들은 이상적인 모습에서 너무나 멀리 떠나와 있다. 그런 현실 속에서 하나님께서는 다양한 차선책으로 부부의 관계가 유지되기를 원하셨다.

　두 사람이 부부로 살다가 한 사람이 먼저 죽는 것은 특별한 경우가 아닌 한 거의 필연적인 일이다. 위에서 다룬 규정은 그런 한 가지 경우에 대한 지침이다. 그런데 이 지침은 당시의 특별한 사회상과 여인의 처지를 배경으로 하고 있으므로 그것을 모든 시대 모든 환경에 기계적으로 적용할 수는 없다. 그럴지라도 거기서 중요한 두 가지 원칙을 배울 수 있다.

　첫째, 이 규정에서 대를 잇는 문제는 아브라함 언약의 성취와 직접 연결되어 있다. 이스라엘 사회에서 아들을 가진다는 문제는 단순히 대를 잇는 문제가 아니었다. 그것은 아브라함 언약의 계승이라는 의미를 가진다. 하나님께서는 이 규정을 통해서 이스라엘 백성들에게 그것의 중요성을 깨달을 것을 요구하셨다. 사람이 아들이 없이 죽어서 대가 끊긴다는 것은 아브라함 언약이 그를 통해서 더 이상 내려가지 않는다는 뜻이다. 이스라엘 사회에서 그런 일이 있어서는 안되었다. 그러므로 그의 형제가 그를 대신하여 여인으로 아들을 낳게 해주어 대가 끊어지지 않게 해주어야 했다. 그 일을 온 가족이 자신의 일로 여기고 해야 했다. 이것이 가장 중요한 일이다. 이 원리에 비추어 볼 때, 오늘날에도 신자는 혼인을 하든, 사별을 하든, 가장 중요히 생각해야 하는 것은 그가 교회의 지체로 존재하면서 그리스도께서 지상에 세우시는 하나님 나라의 백성으로서의 의무를 이행하는 것이다. 이것이 모든 일에서 가장 우선적인 중요성을 가져야 한다.

둘째, 이 규정은 그 상황에서 의지가지 없는 여인에게 안정적인 생활을 보장해 줄 수 있는 최선의 방책이었다. 고아와 과부를 돌보시는 하나님의 자비와 자상함이 현저하게 드러난다. 이 원칙은 신자가 살아가면서 당하는 모든 일에도 적용된다. 오늘날에도 사별한 여인은 힘든 삶을 살게 된다. 정신적으로 당연히 그렇겠지만, 가난한 가정의 여인이라면 경제적으로도 마찬가지이다. 이럴 경우에 사회와 교회는 그녀가 안정적인 생활을 영위하기 위한 최선의 방책을 마련해 주어야 한다. 필요한 경우에는 새로운 가정을 꾸릴 수 있는 길을 마련해 주어야 하고, 그렇게 하기 위해서 필요한 재원을 최선을 다해서 마련해 주어야 한다. 물론 인간의 타락이 초래하는 악습을 막기 위해 그녀의 적극적인 노력과 기여가 있어야 하는 것은 당연하다. 이렇게 되어 불행을 당한 여인이 고통 속에서 살지 않고 소망을 가지고 힘있게 일어설 수 있도록 도와야 한다는 것이 이 규정에서 배울 수 있는 교훈이다.